本研究受到南京航空航天大学中央高校基本科研业务费（人文社科类）
著作出版基金（编号为 NR2016054）的资助。

张卫东◎著

# 文化的符号与结构
## ——罗兰·巴尔特的文本理论研究

SIGN AND STRUCTURE IN CULTURE
——A STUDY ON ROLAND BARTHES' TEXT THEORY

中国出版集团
世界图书出版公司
广州·上海·西安·北京

**图书在版编目（CIP）数据**

文化的符号与结构：罗兰·巴尔特的文本理论研究 /
张卫东著 . — 广州：世界图书出版广东有限公司，2025.1重印
　ISBN 978-7-5192-1901-7

　Ⅰ.①文… Ⅱ.①张… Ⅲ.①巴特（Barthes, Roland
1915-1980）—符号学—研究 Ⅳ.① B565.59 ② H0-05

中国版本图书馆 CIP 数据核字（2016）第 245816 号

## 文化的符号与结构—— 罗兰·巴尔特的文本理论研究

责任编辑　张梦婕
出版发行　世界图书出版广东有限公司
地　　址　广州市新港西路大江冲25号
http:// www.gdst.com.cn
印　　刷　悦读天下（山东）印务有限公司
规　　格　710mm×1000mm　1/16
印　　张　11.5
字　　数　174 千
版　　次　2016 年 10 月第 1 版　2025 年 1 月第 3 次印刷
ISBN　978-7-5192-1901-7/I·0414
定　　价　68.00 元

# 前　言

《周易·贲卦》曾曰："观乎人文，以化成天下。"古罗马哲学家西塞罗也曾说过，"文化是人类灵魂的耕耘"。文化"使人类摆脱野蛮，通过巧法成为完全的人"（塞缪尔·普芬道夫）。人类学家爱德华·伯内特·泰勒把文化定义为"人类社会所有活动特征的总和"。文化以象征为基础、以符号系统为核心、以文本为载体，是一整套社会意识形态的集体表征。文化具有系统性、社会性、时代性、地域性。文化由符号构成，有其独特的结构。而文学是文化最令人瞩目的一部分。

19世纪末到20世纪中叶的欧洲，古典学科传统尤其是实证主义占据着主导地位。为了反对学院主义的学术霸权和传统文化的专断，法国结构主义在俄罗斯形式主义和布拉格语言学派的双重影响下悄然登场，作为"结构主义之母"的罗兰·巴尔特（Roland Barthes，后简称为"巴尔特"）（1915—1980）是其中最重要的代表人物之一。受索绪尔、叶尔姆斯列夫、雅各布森等人的影响，他试图建立一门研究符号意指的科学来描述文本意义的生成机制。在重新阐释语言、符号、文本三者关系之后，巴尔特从大众文化研究入手，发现了隐存在语言当中的布尔乔亚阶级意识的神话结构，并描述了此系统结构的意指模式。为了阐述文本意义的生成，他建立了一套叙事句法，为文本描述了一个横组合关系的结构模式。和其他结构主义者一样，他遭到了学院派的激烈批评。但巴尔特并没有停滞不前，在总结和自省的基础上，他接受了克里斯蒂娃（J. Kristeva）介绍的巴赫金复调理论，提出"复数性"文本、"互文性"和"迷醉写作"等概念，这标志着他迈向后结构主义的道场，因此他也被讥讽为"结构主义的变色龙"。然而，正是由于巴尔特的理性、前进、否定、解构，使得他不仅在结构主义"活动"中独执牛耳，也让他在解构主义运动中占有一席之地。他对理性科学的追求和严密的逻辑论证风格为结构主义文本分析提供了技术保障，同时，其自我解构的精神也值得后人敬仰。

本书以文本符号理论为研究核心，运用分析综合法与演绎法，致力于探索文化研究视域下的巴尔特文本理论的内核和指导意义，并进一步探究其理论缺陷和解决办法，为文化批评提供更广阔的理论背景和方法论基础。重点探讨了以下五个方面的问题：

（1）文化批评视域下的语言、符号、文本的辩证关系。

（2）文化中的神话文本及其破译与读解。

（3）文化中的叙事及其结构。

（4）文化文本的阐释空间和特性。

（5）文化批评中的"科学性"问题及文本的分类问题。

绪论之后本书分为五章。通过历时比较法，梳理巴尔特的文化文本理论。第一章主要重新界定和阐释了文化批评中的文本的概念，论证了：文本的核心要素为符号；符号按照规则组合成文本；符号携带文化信息，具有文化性。关于符号、文本及两者之间辩证关系，巴尔特从三个方面进行了体现：首先，他阐明了符号的语言学属性，并尝试建立一种研究符号意指系统的科学——它高于狭义语言学但从属于广义语言学；其次，他在索绪尔语言学系统的基础上建构一种符号学系统，提出符号的四组关系：语言与言语、能指与所指、组合段与系统以及直指与涵指。符号学是语言学的解体；再次，文本是由语言通过横组合与纵聚合组成的符号系统。而语言是文本的载体，文本描述文学意义的生成。逆向推论得出，文学（文化）研究必须以文本本身为研究对象，从而研究文本的"语言结构"，即符号系统。这就为建构结构主义符号学提供了理论基础。

第二章主要论述文化中的神话及其读解与破译。神话是一种隐含意识形态的言说方式，是布尔乔亚阶级"权势话语"的隐性表征。在发现此神话结构之后，巴尔特建立了一个文化意指模式，用来描述意义及意义的生成机制。在此，巴尔特区分了语言系统和神话系统，神话系统是语言系统的次符号学系统，或曰元语言系统。在这个神话系统的结构中，语言层面的能指是意义（sense），神话层面上的能指是形式（form），而意指是两者的相互关系。这就是神话系统结构。文化中的神话作为一种符号化的文本，其本质是一种由语言与言语组成的整体语言，它可归纳为传递某种意指的复杂的嵌套语言系统。通过运用巴尔特的文本解读法发现，神话的自然化与反政治化的特性决定了神话传递的意指具有隐蔽性，它能更有效地使得此意指被接受和传播，因此错误意指通过神话传递也更具破坏性。而作为文化中的神话或神话集合，文学作品的创作则需掌握自然化地传递意指的神话构造术。

第三章主要论述文化中的叙事及文本的句法。在列维－斯特劳斯、格雷马斯等人研究的基础上，巴尔特建构了一套叙事句法，用来分析叙事文本。他将此句法归纳为三个生成要素：意义、功能、行动。而叙事系统则是切分和整合的互动过程，并进一步归约了行动序列的几种关系。

第四章主要论述文化中的后结构主义文本阐释。巴尔特后期结构主义思想的两个核心概念为：阅读符码和文本间性。通过分析巴尔扎克的《萨拉辛》，巴尔特提出了"可写文本"与"可读文本"的区分，并总结出控制文本的五种符码：阐释符码、布局符码、意素符码、象征符码和文化符码。每种符码都是一种声音，"编织"出整个文本网络。而文本与文本之间，则按照一种引述的方式相互联结。因此，文本分析不是寻找一种终极意义，而是寻求一切可能的意义。最终目的在于能"设想、想象、激活文本的多元性，其意义过程的开放性"。本章论述了文化文本阐释的方法和文本的特性，即互涉性、多义性、开放性、生成性。并根据巴尔特的叙事语法，分析了莫言的短篇小说《放鸭》，描述了《放鸭》的叙事结构。

第五章为方法论的总结篇。从俄罗斯形式主义到法国的结构主义都曾试图建立一种准科学式的文本分析方法，以摆脱传统文学史研究的主观性。他们的做法是运用语言学理论将文学文本视作一种语言，找出生成文本的最小单位和组织结构规则。然而，形式化其结构不等于真正的科学性，其结果如同 20 世纪物理主义统一科学的失败一样，最终被囚禁在无形的牢笼之中。文学的科学性不在于其结构形式，而在于多元意义的张力场上。在考察了巴尔特结构主义符号学之后，本书试图探究结构主义方法论的局限，论证文学中所谓"科学主义追求"的偏狭，分析当代文论的需求转向，提出"新文化批评"的设想。在借用传统结构主义区分法的基础上，提出一种新的文本类型学，并构建一种新的批评模式。

本书因此得出以下结论：第一，巴尔特结构主义符号学"科学性"、"文学性"探求适应了时代的需求，为文化文本研究提供了一种较精密的分析框架，并具有很强的操作性；第二，和其他结构主义方法一样，巴尔特的文本分析陷入了将文本视为一个自给自足的封闭空间，并做出若干二元区分，形成了一个逻各斯中心，割裂了文化文本的社会性；第三，巴尔特作为一个追求意义多元、寻求文本开放的文论家，他没有裹足于前期僵死的生成句法，而是适时地迈入解构主义的阵营，其勇于解构自己、否定自己、不断求索的历史主义发展观值得后人学习；第四，后现代文化批评的最显著特性是意义多元、文本开放。新时期文论界应该努力构建一种新的批评方法，使文化研究的"内部"与"外部"有机整合，促进理论向前发展。巴尔特的结构主义符号学思想为我们提供了理论根基和方法论视角，具有十分重要的意义。

本书是由本人的博士论文和博士后研究报告修改而成，它既是本人在博士阶段研究项目的自然延伸，也是本人未来学术方向的一个前期准备。本人在2006—2013 年在南京师范大学外国语学院攻读英语语言文学硕士和博士学位。出于对符号学的兴趣，博士阶段专攻当代西方文艺理论，导师组建议本人研究发源于索绪尔语言学的结构主义符号学理论。最终在导师康澄教授和张杰教授的指导下，撰写出博士论文《罗兰·巴尔特的文本理论研究》。2013 年 11 月进入南京大学外国语学院博士后流动站从事博士后科研工作，在进站之初，本人在征得导师朱刚教授的同意后，将自己的在站研究项目定名为：《罗兰·巴尔特的文本理论与当代大众文化》。在撰写博士后研究报告的过程中，我留意到巴尔特所代表的结构主义符号学虽然以数理逻辑式的准科学分析方法著称，但这些符号都以文本为表征形式，而文本内部的结构和外部的内容是不可分割的整体。如果把内部的结构看作是一种系统，那么外部的内容则可以表现为文化。这恰恰验证了为什么巴尔特到了晚年回到他研究的起点——文化。饮食、服装、时尚、建筑都是一种文化。可以说巴尔特从文化入手，以文化结束。

自 2013 年 7 月起，我供职于南京航空航天大学外国语学院，继续从事这方面的研究，在《国外文学》、《当代外国文学》、《外语与外语教学》、《俄罗斯文艺》、《学术界》等期刊上发表文章，主持多个获批项目：2013 年获得南京航空航天大学人才引进基金的资助；2014 年获得江苏高校哲学与社会科学研究项目（编号为：2014JD067）和中央高校基本科研业务基金（人文社科类）（编号为：56XAB14017）的立项资助；2015 年以此为理论基础的项目获得江苏省社科基金青年项目（编号为：15WWC004）的立项资助；2016 年更喜获国家社科基金青年项目（编号为 16CWW005）的立项和南京航空航天大学基本科研业务费学术著作出版基金（编号为 NR2016054）的资助，受资助的经费共计 33 万余元，并最终让本书得以出版。

在本书即将付梓之际，我首先要感谢我在博士阶段的导师康澄教授，是她引领我走进符号学领域，教会我做学问的思维方法，包容我的错误，鼓励我的进步。从论文的选题、结构、框架到分析方法的形成她都倾注了大量的心血。我的行文风格，甚至遣词造句都有她的影子。如果我的这次历险算得上薄有所成的话，那么这全应归功于她。没有她，便没有我的符号学研究。

感谢我博士后阶段的恩师朱刚教授对我的倾力教导和精心栽培，他的睿智和风度，他的学识和师德都让我万分敬仰，他每一次的指导都让我如沐春风。没有他，我是不可能完成博士后阶段的学术任务的。

南京师范大学外国语学院院长张杰教授对我的影响是深远的。我第一次听他讲课就为他的学识、幽默、睿智、风度所折服。他不断启发我们要具有批判思维，具有问题意识，是他让我的写作拥有了灵魂。特别感谢他一直以来给我的关心和教导。也感谢南京师范大学外国语学院为我论文的写作创造了良好的学术、学习氛围。感谢我硕士研究生阶段的导师王娟教授；感谢钱满素教授、吕俊教授、傅俊教授、黄和斌教授、辛斌教授、姚君伟教授、倪传斌教授、刘宇红教授、马广惠教授、王冬竹教授、汪少华教授、陈莉萍教授、王晓英教授等开设了非常有益的课程；感谢王永祥教授对我的帮助，感谢他的严谨、他的宽容。我还要衷心感谢南京大学外国语学院杨金才教授、何宁教授、陈新仁教授、何成洲教授等，他们在博士后论坛上给予了我中肯的评价和宝贵的建议。同时也感谢博士论文答辩委员会的专家——许钧教授、张新木教授。

感谢南京航空航天大学外国学院领导范祥涛教授、何江胜教授、刘长江教授、徐以中教授等为本人提供了良好的工作环境和学术支持，感谢我的同窗好友王海林为本书提供极为有益的帮助，在此一并致以诚挚谢意。

巴尔特的理论向来晦涩难懂，加上"理论冷却"的时代背景，使得本书在撰写过程中遇到了相当大的难度和挫折，展现在眼前的这本浅陋的小册子虽然饱含了本人的汗水与泪水，但仍然只能算得上是一次"历险"、一次尝试。由于本人学养有限，外加时间紧张，导致本书在行文架构上可能存在不尽合理的地方，措辞也较为粗糙，对此我深感歉疚，同时衷心期望各位同仁们提出宝贵建议。

张卫东

2016 年 7 月 3 日于美国宾夕法尼亚州

# 目　录

# 绪　论

## 一、研究对象：罗兰·巴尔特及其结构主义符号学概述

"结构"一词源于拉丁文"structura"，起初的意义是"建造大楼的方式"①。结构主义作为一种思想流派，最早可追溯到1922年维特根斯坦在《逻辑哲学导论》中谈及的"状态结构论"。现代语言学鼻祖索绪尔首次将此词用来描述语言的存在和运动状态。英国文学理论家特伦斯·霍克斯把结构主义定义为"有关于理解主观世界与物质世界结合构造的一种思考方式"②。20世纪中叶，经由俄国形式主义、布拉格语言学派发轫而来的一场"活动"在法国悄然兴起，并迅速登上欧洲人文思想主坛。结构主义借助语言学理论，宣布要为人文学科研究找到一种科学性（scientificity）。在许多具有政治使命感的知识分子看来，结构主义的方法是去意识形态化（desideologisation）的强有力的工具。而作为法国结构主义"四个火枪手"③之一的巴尔特自然也活跃在这个舞台上，并且开创了符号学视角的

---

① ［法］弗朗索瓦·多斯：《结构主义史》，季广茂译，北京：金城出版社2012年版，导论第4页。

② Hawkes, T. *Structuralism and Semiotics*, London & New York: Routledge, 2010, p.6.

③ 实际上为五人，学界称他们为20世纪法国思想家五杰：米歇尔·福柯、路易·阿尔都塞、罗兰·巴尔特、雅克·拉康和列维-斯特劳斯。

文本分析方法,成为风靡一时的结构主义符号学大师,被誉为"结构主义之母"①。

在巴尔特看来,结构主义"既不是一个学派,也不是一种运动,因为它没有什么自成体系的学说或论争"②。他把结构主义看作是一场"活动(acticity)",其目的在于"重构一种'对象',并在重构的过程中发现各功能项的运作规律"③。巴尔特不愿意把结构主义看作一种学术思想,因为这是先验地固守一种判断的表现。而建立在结构主义基础上的符号学却是适切的,符号学的理论来源就是语言学。对此,巴尔特曾对结构主义作出了这样一个定位:

> 我认为,结构主义这个术语今天应该留给特别强调与语言学有直接联系的那种方法论的运动……在我看来,这是最确切的标准。④

巴尔特进一步强调,言语活动的生成是一种符号化活动。结构主义符号学是建立在功能的类比之上[列维-斯特劳斯(Levi-Strauss)称之为同构关系]。简言之,结构主义是一种模仿活动,是一种描述单位与潜在单位区分关系的技巧。很明显,这就是语言学"聚合体"的概念。在谈到结构主义操作过程时,他说:"要弄清楚结构主义所持的基本观点必须先了解'聚合体'这一基本概念。"⑤而文学作品是各功能单位以及按照规律性聚合形成的单位集合,也是意义的连续体。所以,结构主义符号学最终是寻找产生意义的机制。

巴尔特是以反对萨特"介入文学",提倡"零度写作"登上学术舞台的。二战之后,意识形态领域的论战日趋激烈。以萨特为首的"道德主义"批评家们倡

---

① 与结构主义之父"列维-斯特劳斯"对应。

② Barthes, R. *Critical Essays*, translated by Richard Howward, Evanston: Northwestern University Press, 2000, p.213.

③ Barthes, R. *Critical Essays*, translated by Richard Howward, Evanston: Northwestern University Press, 2000, p.214.

④ Culler, J. *Structuralist Poetics*, London & New York: Routledge, 2002, p.297.

⑤ Barthes, R. *Critical Essays*, translated by Richard Howward, Evanston: Northwestern University Press, 2000, p.215.

导文学介入政治，介入生活，承担起推动社会发展的责任。在萨特看来，文学就是争取自由的武器。"写作，这是某种要求自由的方式；一旦你开始写作，不管你愿不愿意，你已经介入了。"① 我们知道，萨特的存在主义哲学首先是强调"人的存在"。在他看来，"我"的存在是追求自由的核心，人并非生来是"我"，"我"之所以是我完全是因为"我"的选择。因此，萨特强调的是文学的"我"，选择自由的理论以及文学作为选择有效武器的理论，这些和他的人道主义立场、历史哲学观紧密联系在一起。同为左翼知识分子阵营的巴尔特在某些方面是和萨特站在一起的。② 但他反对文学"介入"。他号召一种"零度写作（writing degree zero）"，即无意识写作。应该说，这是巴尔特宣示其写作观的切入点。与萨特的介入相反，巴尔特号召写作应避开现实，朝向语言和形式、朝向写作行为本身。这可以算得上是他结构主义思想的萌芽。巴尔特认为，"现代文学作品不适合再用古典文学分析的方法。从福楼拜以来的现代文学史已经证明，文学已经变成了语言问题，文学开始关注的是语言自身而不再是社会生活。所谓古典文学分析方法，统称为政治写作，分为革命式的、马克思主义的。在他看来，写作或曰文学本质上是语言学问题，写作是一个单纯的'不及物'活动，写作不指向自然、社会、人生，不再是任何思想、价值的工具，是一个符号系统，写作活动本身成为文学的核心"③。巴尔特倡导一种"绝对写作"即"白色写作（white write）"，也就是说，写作的绝对主体不再是意识形态的传声筒。"中性的、白色的、零度的写作，即回避或摆脱社会性价值判断和实践介入，以维持一种文学认识论和实践论的一致性。"④

既然"一切问题皆语言"，那么巴尔特必然要寻求语言学理论的支撑。1916年索绪尔的《普通语言学教程》的出版，标志着现代语言学的开端。在教程里，

---

① ［法］让‐保罗·萨特：《萨特文集》第七卷，沈志明、艾珉主编，施康强译，北京：人民文学出版社 2000 年版，第 106 页。

② 巴尔特曾宣称自己是马克思主义者，但同时也强调他接受存在主义的那一套。

③ 董学文主编：《西方文学理论史》，北京：北京大学出版社 2005 年版，第 414 页。

④ 李幼蒸：《写作的零度》，北京：中国人民大学出版社 2008 年版，前言第 7 页。

索绪尔对语言进行了若干二元区分，包括语言与言语、历史与共时、组合与聚合等。这为巴尔特的符号学理论提供了最直接的理论基础。大约从 1955 年开始，巴尔特开始阅读索绪尔的普通语言学理论，同时吸收了布拉格语言学派代表人物雅各布森的"文学性（literacy）"理论和丹麦语言学家叶尔姆斯列夫的语符学理论（glossemantics），初步建立了符号学理论基础，其标志是 1957 年《神话集》和 1963 年《符号学原理》的出版。这一时期被称之为"符号学建构期"。也是他结构主义思想最为明显的时期。此后，巴尔特也为他选择索绪尔语言学理论做过解释。在他看来，和卢梭的"社会契约"一样，语言，包括其他结构在认识论上的"语言契约"具有不可争辩的同构性。在 1973 年发表的《索绪尔、符号、民主》一文中他写道：

> 语言结构，及其背后的社会，必须假定一个规则系统（与其相互依存的必要性）：（类比的和价值的）经济规则、民族规则、结构规则，这些规则使这些系统相关于一种博弈（象棋博弈，索绪尔语言学的主要隐喻）。[①]

在索绪尔的影响下，巴尔特在其《符号学原理》中运用语言学的方法，完成了他关于符号学的构想。这一构想曾经被索绪尔提及。[②] 符号学，按巴尔特的定义是"有关一切记号系统的科学（虽然有待建立）"，"符号学是对语言学知识的模仿"。[③] 在这本符号学奠基之作里，巴尔特把符号做了四对二元区分：语言

---

① Barthes, R. *The Semiotic Challenge*, translated by Richard Howard, New York: Hill & Wang, 1988, p.155.

② 索绪尔在《普通语言学教程》里提到，"我们可以设想有一门研究社会生活中研究符号生命的科学：它将构成社会心理学的一部分，因为也是普通心理学的一部分，我们称之为符号学（semiology，来自于希腊语 semeion）"。参见 Saussure, F. de. *Course in General Linguistics*, Beijing: Foreign Language Teaching and Research Press, 2001, p.15.

③ Barthes, R. *Elements of semiology*, translated by Annette Lavers & Colin Smith, New York: Hill & Wang, 1977, p.9.

与言语、所指与能指、系统与组合、直指和涵指。很明显，前面三组是索绪尔对言语活动进行过的区分。而最后一组是巴尔特在分析大众文化时发现的"神话结构"中总结出的一对概念。它属于次级符号系统。两个系统之间是嵌套关系，在意指过程中，一个平面层构成另一个表达层的能指。而意指系统又可以分为涵指系统和元语言系统。依据语言学理论，巴尔特对符号学进行了结构主义分析。在他看来，符号[如信号（signal）、指号（index）、肖像（icon）、象征或符号（symbol）、譬喻（allegory）等]包含两个关系项，它们的共同成分是"必然归结为两个关系项（relata）之间的一种关系"[①]。所以，一切能进行两个关系项区分的系统都可以看作符号。因此，符号大于狭义语言，而又从属于广义语言。接着，巴尔特分析了若干符号系统的结构，包括服装系统、饮食系统、通讯系统、汽车系统等。按照巴尔特的理解，符号系统区别于一般语言系统主要表现为"内质"[②]的不同。因此他把区别于一般语言系统的实物符号学记号按其功能称作"功能—记号（functions-signs）"。这种"功能—记号"，"表明了一种我们应加以区别对待的双重运动现象。一开始功能充斥着意义，这种语义化过程是不可避免的，因为自人类社会存在以来，人类对物品的一切运用都转化成此类运用的符号了"[③]。因此，不管是大众文化中的言语或话语、文学文本等都是符号化的过程，都可以用符号学的分析方法来寻找意义。从历时的角度考察我们会发现，巴尔特此处所做的铺垫（尽管巴尔特称是无意的）是为文本研究开辟一种结构主义研究方法，而这是身处在20世纪中叶法国思想流变场的知识分子的一种无意识的选择。正如列维-斯特劳斯运用索绪尔理论进行的人类学分析和神话结构分析一样，巴尔特接下来就着手为现代叙事文本寻找出一种句法结构。

---

① Barthes, R. *Elements of semiology,* translated by Annette Lavers & Colin Smith, New York: Hill & Wang, 1977, p.35.

② 此概念来源于叶尔姆斯列夫。

③ Barthes, R. *Elements of semiology*, translated by Annette Lavers & Colin Smith, New York: Hill & Wang, 1977, p.41.

1966 年巴尔特发表的《叙事结构分析导论》<sup>①</sup>是叙事学的奠基之作。他认为，"叙事本身是与人类历史同步的，因此，叙事作品超越国度、超越历史、超越文化，犹如生命一般，是永存的。而在一切的叙述形式中，一定存在着一个共同模式"<sup>②</sup>。他把叙事作品分为三个层次，即功能层、行动层、叙述层。按照语言学理论，一个句子可以描述为语音层、音位层、句法层、语境层。句子充满意义是因为各功能的层级组合关系。而语言学最大的研究单位就是句子，倘若分析叙事作品，就必须建构一种结构主义符号学的叙事句法来描写作品的生成。和普罗普的民间故事形态学一样，巴尔特的目的就是建立一种叙事结构描写（即根据故事的组成部分和这些方法之间以及它们与整体的关系对故事的一种描述）。<sup>③</sup>在这组句法中，功能对应意义切分单元，行动层对应人物的结构身份，叙述层对应句子的谓语。通过变异（distortion）、扩展（expansion）和模仿（mimesis），叙述意义得以生成。这就是符号学中的替代测试（commutation test）。符号学家丹尼尔·张得乐（Daniel Chandler）将此定义为"确定区分性能指及其意义决定是否一个能指层的改变会导致所指层的变化"<sup>④</sup>。如此，一套建立在叙事文本上的句法就被建构了。它延伸了语言学的单位，在符号学层面，把文本当作一个单位，由若干个语素（morpheme）生成，而每一个语素的改变都会引起意义的改变。就如乔姆斯基句法学的最简方案（一个句子由一个名词词组和一个动词词组所组成，即 S=NP+VP）一样，叙事文本也有它基本的定式。《叙事结构分析导论》的出版标志着巴尔特符号学走向了结构主义的顶端。但很快，他更换了自己的理论。这种更换不是基于外界的批评（尽管外界的批评可能是促使他走向结构主义的理由之一，但绝对不是主要的原因），而是他发现，还需要一些新的东西来填补他

---

① 此文最初发表在 1966 年《交流》杂志第 8 期，后来收入到《符号学历险》一书中。

② 董学文主编：《西方文学理论史》，北京：北京大学出版社 2005 年版，第 414 页。

③ ［俄］弗·普罗普：《民间故事形态学》，转引自拉曼·塞尔登主编：《文学批评理论——从柏拉图到现代》，刘象愚、陈永国等译，北京：北京大学出版社 2003 年版，第 356—357 页。

④ Chandler, D. *Semiotics: The Basics*, London & New York: Routledge, 2007, pp.88-89.

的理论或者彻底挣脱作为一个"写家"[①]的语言牢笼，从而能达成"迷醉写作"。

1968—1969 年，巴尔特受邀为高等研究实验学院的学生开设研讨班，他把阅读巴尔扎克小说《萨拉辛》的过程记录下来，做了很多注释，这一"工作印迹"得以在 1970 年出版，取名为《S/Z》，是巴尔特走向解构主义的转折点。必须指出，结构主义和解构主义（或后结构主义）在本质上虽然有区别，但两者并不完全是否定或者脱离的。正如丹尼尔·张得乐所说，"解构主义只是结构主义的一种变形，它并没有抛弃结构主义那种'形式'的方法。它是结构主义自身寻求完善其缺陷的必然走向"[②]。一般认为，解构主义符号学理论一方面受到了马克思主义和精神分析的影响，另一方面直接来源于米歇尔·福柯（M. Foucault）的"权利关系论"。这一解构主义的特征与巴尔特思想历程的嬗变非常契合。他曾宣称自己是马克思主义者，而且是拉康的忠实读者。与解构主义的几个代表人物如德里达（J. Derrida）、福柯等都过从甚密。[③]如果说走向解构主义是这一时代的必然，那么巴尔特的后结构主义转向仅仅是迎合了这种转变。但是，这并不是相互间的直接影响。正如他自己所说：

> 我几乎都把他们（同时代人）放到第一个范畴里了：我将他们"打量"。为什么？很难说。很可能是因为我害怕受到过于亲近于我的物质

---

① "写家"不同于"作家"，写家是"及物的"人，而作家则相反。写作是一个"不及物动词"。See Barthes, Roland. *Critical Essays*, translated by Richard Howward, Evanston: Northwestern University Press, 2000, pp.143-150.

② Chandler, D. *Semiotics: The Basics*, London & New York: Routledge, 2007, p.217.

③ 巴尔特和同时代的法国结构主义和后结构主义代表人物都有交往。早期，他结识了结构主义的鼻祖列维 - 斯特劳斯，并曾请求他担任自己的博士论文指导老师，但被后者拒绝。同时，他和格雷马斯夫妇也是好朋友，他们有相当多的书信来往。在《交流》杂志周围的麦茨（C.Metz）、托多洛夫（T.T odorov）等也曾和巴尔特有过交情。大约在 1955 年圣诞期间，经莫奇（R.Mauzi）的介绍巴尔特认识了米歇尔·福柯，后者于 1976 年推荐他进入法兰西学院成为符号学教授。解构主义大师德里达后来成为巴尔特的好朋友，1980 年巴尔特逝世，德里达为他主持葬礼并写了悼词。克里斯特娃更是巴尔特的"闺蜜"，两者曾在文革时期访问中国。See Calvet, L -J. *Roland Barthes: A Biography,* Cambridge, Polity Press, 2005.

或者素材的诱惑，它步步逼近以致我没有能力改变它。我不认为我自己在重新从事福柯、德勒兹或索莱尔斯的工作……它太近了。它在一种逼近现在时代，甚至超现在时代的语言中不期而至。①

在《S/Z》中，巴尔特提出"可写性文本"与"可读性文本"的区别。"可读性文本"把注意力从作者转移到读者。这是传统批评方法给系统设定了一个"逻各斯中心"即"权限主题"，巴尔特做了这样的评述：

> 逻各斯中心即认为作者具有某种至高无上的权利，他强迫读者接受作品内的固定的意义……由此产生了一种霸权意义的批评伦理（其缺陷就是导致一种"误解"和"反意义"的批评伦理的产生）：人们只顾确立作者的所谓意义，毫不顾忌读者所理解的意义。②

这与福柯的"权利话语理论"有若干相似之处。这正是他转向解构的应激源。在分析《萨拉辛》的过程中，巴尔特区分了五种符码：阐释符码、布局符码、意素符码、象征符码和文化符码。按照这五种符码，可以把整个故事切分成若干个单元进行解读。这五种符码便包含了一切可读文本组织的所需。这五种符码是五种音谱，是复数的，相互交织的复调结构。"复数"这一概念，是1966—1967年间经由克里斯蒂娃从巴赫金那里传来的。巴尔特用它来阐述文本意义的多层、相互交织。我们看到，这种解读已经不是结构主义阶段那种只考虑文本系统内部的做法了，而是从文本"内部"走向"外部"的一个跨越。这个跨越丰富了结构主义的内涵，也使巴尔特迅速融入解构主义的阵营。他进一步把文本变成一张"网络"，一切文本依靠这张网络得以延伸：

> 在阅读的过程中发现意义，发现意义之后便命名意义；然后命名意

---

① Barthes, R. *The Grain of the Voice, Interviews1962-1980*, translated by Linda Coverdale, Evanston: Northwestern University Press, 2009, p.274.

② Barthes, R. *S/Z*, translated by Richard Miller, New York: Hill & Wang, 1974, preface.

义延伸；命名与命名之间互相对应，重新聚合，然后要求重新命名。也就是这么一个过程：命名—消除命名—再命名。如此，文本便得以向前拓展深化，它是一种不断命名的过程，也是一种不断生成的过程。[①]

巴尔特的文本理论也因此带有一种解构主义的典型特征——否定终极意义。这种文本意义的生成机制带有不确定性、无限生成性和动态性。进入20世纪70年代以后，巴尔特似乎把兴趣转向于一种"文字解构"的游戏。在他看来，"无生殖性目的"的、"迷醉"的写作才是他所追求的。《恋人絮语》正是他对解构主义的一个实践。李幼蒸先生对此评价说，这种"欢愉"和"迷醉"的写作观"朝向了一种消极虚无主义文学实践观，也就是，怀疑主义的运作方式从文本分析风格转移到虚无主义价值主张上来……其所谓快乐实际上是内心极度颓丧的一种映像"[②]。晚年的巴尔特的确有某种消极颓丧的虚无主义，但这其实是他后期写作观的一种体现，和康德的"审美趣味"和"艺术是自由的创造"在哲学上有承继关系，是康德审美判断艺术观在创作实践中的体现，是一种创作动机的本源回归，是值得肯定的。

如果要弄清楚巴尔特结构主义符号学的整个思想历程及其嬗变，必然要考虑他的理论来源和时代背景。在哲学上，巴尔特受尼采的影响很深。和苏珊·桑塔格（S. Sontag）一样，他自称尼采的继承者。尼采宣布"上帝已死"，呼吁人们从盲目的信仰中解脱，巴尔特则宣布"作者已死"，只不过他的目的是批驳文本背后的"作者"这一形而上学的观念。可以说，这两者在本质上是相互关联的：尼采挑战西方传统价值文化，巴尔特则解构传统西方文论，二者对传统权威的挑战和对多元文化的追求一脉相承。巴尔特毕生追求的自由思想以及晚年的"愉悦"都似乎和尼采的"权力意志"相关联，即追求权力是生命的最基本的普遍法则，包括自负、激情、兽性、酒色、冒险以及征服等。1973年巴尔特在论述"语言战争"

---

① Barthes, R. *S/Z*, translated by Richard Miller, New York: Hill & Wang, 1974, p.11.

② 罗兰·巴尔特：《写作的零度》，李幼蒸译，北京：中国人民大学出版社2008年版，译者前言第8页。

时说，权力内语言就是"那些在权力的遮蔽或保护下发展起来的（体制的、国家的、意识形态的）话语，这些是知识分子应该放弃的话语体系"①。正是读了尼采，巴尔特才变为一个"异教徒"。

政治上，巴尔特宣称自己是马克思主义者。他曾对19世纪末法国无政府主义运动表示同情。他的父亲在他还不到一岁的时候死于海战，这使他可能带有某些民族主义的倾向。他的外祖母——他亲戚中的唯一富人，一个在他眼中有些"可恶"的资产阶级。16岁的时候，他是一个狂热的政治教徒，曾试图把他的外祖母变成社会主义者，在路易·让·卡尔维看来，巴尔特那时候虽然是个社会主义者，但思想矛盾，"只是反抗各种反动的民族主义思潮而已"②。他反抗的，还有基督教的宗派主义，并曾写剧本挖苦之。大约在1945年，他的同屋伙伴乔治·富尼埃开始向他传道马克思主义。富尼埃是个托洛茨基分子，影响到巴尔特一生的政治信仰。巴尔特在政治上并非那种歇斯底里的阶级斗争狂热者，他甚至反对那种令人恐惧的运动。他完全不懂经济，更不会去思考经济伦理，他所极力反对的是那种隐含在话语当中的"神话"——资产阶级意识形态。所以，他可以一边批判资产阶级的权力话语，一边又心安理得地享受作为资产阶级（他自己宣称的）的物质享受（从外祖母那里继承的遗产）。应该说，他在政治上和所有20世纪中叶欧洲左翼知识分子一样，具有理想主义的特点。"布拉格之春"之后，巴尔特虽然没有表现出其他左翼知识分子的强烈空虚，但是他仍然表达了一种无奈和失望。1977年他在接受采访时说道：

> 那些通过革命取得的所谓胜利，我想说的是，它是"令人失望的"。这些是目前很多人苦恼、悲伤的所在。这些社会之所以令人失望是因为权势压制并未消退……③

---

① Calvet, L-J. *Roland Barthes: A Biography*, Cambridge: Polity Press, 2005, p.147.

② Calvet, L-J. *Roland Barthes: A Biography*, Cambridge: Polity Press, 2005, p.23.

③ Barthes, R. *The Grain of the Voice, Interviews 1962-1980*, translated by Linda Coverdale, Evanston: Northwestern University Press, 2009, p.269.

然而，这并不妨碍他在文学领域取得成就，或者说政治信仰在他看来，只是一种态度，无关写作。若干年后当人们问及他背后的政治倾向时他回答说：

> 我的写作从未与"政治"这个主题主动扯上关系或者牵涉其中的意义：我的中心不在那些直接或间接带有政治倾向的议题。原因是我对此没有激情，而没有激情的话语不会是好的学问，就这么简单。[①]

文学上，巴尔特推崇萨特和布莱希特。虽然跟萨特的观点有些相左，但早期的巴尔特曾经大量阅读萨特的著作，萨特和哲学家巴什拉（Bachelard Gaston）[②]都是巴尔特的文学偶像。而布莱希特则是一个"思考过符号的马克思主义者"[③]，和巴尔特思想非常契合。如果我们把影响过他的思想家按时间先后排序，则是：巴什拉、萨特、马克思、布莱希特、索绪尔、雅各布森、叶尔姆斯列夫、巴赫金。

## 二、研究现状：巴尔特结构主义符号学思想国内外研究综述

巴尔特一生笔耕不辍，著作等身。其一生经历大致可划分为三个阶段：大众文化评论期（1947—1960）、符号学理论建构期（1960—1976）以及后结构主义转捩期（1976—1980）。出版专著30余本，论著近百篇。如果我们把巴尔特的作品加以归类的话，大概可以分为五类：写作学、符号学、作品分析、文化批评、讲演集。我们不难发现，这五种文类相互交叉，互为基础，在巴尔特的结构主义符号学生涯中相互胶着、延存、回返，构成了他的独特体系。总的来说，他的结构主义符号学体现了以下特点：第 ，开创了一种把语言学理论运用于文学义本

---

① Barthes, R. *The Grain of the Voice, Interviews 1962-1980*, translated by Linda Coverdale, Evanston: Northwestern University Press, 2009, p.268.

② 巴什拉（1884—1962），法国哲学家，科学家，诗人。他力图调和理性与经验，建立一种新的唯理论。认为科学从根本上说是一种关系的学说，认识论应建立在实践过程中的唯理论基础上，哲学的任务就是要阐明我们精神的认识过程。

③ Calvet, L-J. *Roland Barthes: A Biography*, Cambridge: Polity Press, 2005, p.111.

分析的符号学方法。他把文学作为具有自身规律的系统进行研究，摆脱了文学史和传记批评的樊囿；第二，区别于传统文学研究的范式，把重点从意义本身的研究转变到意义的生成研究上，试图确立或发现某种文学程式；第三，抛弃关注作家的主体身份，打开了文学文本意义的多元性，使文学活动具有了无限的开放性和可能性。这三个特点使他在文学理论史上占有很重要的地位。更重要的是，他独特的写作风格自证了一种"写作革命"的重要意义，正如苏珊·桑塔格所说："巴尔特是一位富有灵感的、对写作学编码解码有独到见解的从业者，他不太愿意长篇大论，但他的语句通常富有逻辑，层层递进，话语间充盈着一针见血的措词与思想意蕴，这些晦涩的思想观念却被他用妙手铺陈为流畅的散文语材。"[1]巴尔特对一种全新的写作风格的尝试是他广受学术界好评的原因之一。然而，巴尔特的结构主义符号学并不是文学理论界的"理想图景"，和同时代的其他结构主义者一样，在四十多年的思想历程中，他获得过赞誉、褒奖，同时也伴随着批评、指责和质疑。时至今日，结构主义思潮早已退去光环，我们再去考察巴尔特的符号学思想历程，一方面可以回顾和总结他的理论亮点和缺陷，另一方面也为我们展望和构建新时期适切的批评方法奠定基础。

## （一）法国本土的巴尔特研究

巴尔特的理论专著《写作的零度》出版之后，法国知识界毫不吝啬地给了他前所未有的褒奖。这些人包括纳多（J. Nadeau）、阿赫邦（D. Arban）、倪米爱（R. Nimier）等。纳多评价此书为"一个十分出色的、完全能和同时代其他伟大散文家平起平坐的伟大作品"[2]。反对的声音来自《现代》杂志撰稿人彭塔里（J. B. Pontalis）。彭塔里带着揶揄的口气说道："看似富有逻辑性的分析和语气中偶尔透出的实际并不讨喜的自信掩盖了他的某些思想上的尴尬。"[3]

---

① Sontag, S. *Writing Itself: On Roland Barthes*, from *A Barthes' Reader*, New York: Hill & Wang, 1997, pp.viii-vx.

② Calvet, L-J. *Roland Barthes: A Biography*, Cambridge: Polity Press, 2005, p.104.

③ Calvet, L-J. *Roland Barthes: A Biography*, Cambridge: Polity Press, 2005, p.104.

他指责巴尔特过分模式化。1957 年《神话集》出版，巴尔特宣称这些文章是一种符号学动源，是初次的符号学实践。不过这次"不太成熟"的实践却意外地收获了回声。艾柯（U. Eco）和裴启妮（I. Pezzini）评论道："表面上看似乎凌乱，但实际上受到一种出色而系统的本能的支配。"[①] 我们看到，巴尔特在分析大众文化的"神话"的时候，其实还处于符号学的外围阶段，此时他的主要目的是为了揭露资产阶级传播其意识形态的编码程序。也正因为如此巴尔特受到了法国左翼知识分子的欢迎。他们赞扬巴尔特用"仁慈的符号"代替公正的现实。而右翼知识分子则批评他不是神话，而是"蠢话"、"胡话"，充斥着学究式的术语，却毫无价值。很明显，这些评价带有很强的立场倾向性，是有失公允的。

如果说《写作的零度》和《神话集》使得巴尔特在法国理论界崭露头角，那么他的《叙事结构分析导论》则使他在结构主义符号学的"活动"中站稳了脚跟。他的叙事语法在当时属于是比较成熟的形式文论注解，影响了著名的符号学家格雷马斯（A. J. Greimas）。巴尔特和格雷马斯是好友，两人都十分崇拜列维 - 斯特劳斯，受列维 - 斯特劳斯之推荐，两人一起研读《童话形态学》，巴尔特写成《叙事结构分析导论》一书，格雷马斯则写成了《结构语义学》一书。从出版时间上来看，《叙事结构分析导论》早于《结构语义学》；从内容上看，《结构语义学》是在巴尔特的理论基础上进一步发展而来的，是一种承继关系。格雷马斯所提出得"元元语言"（元元语言的作用在于用来分析既定元语言）和创立的"行动元结构模式"明显带有巴尔特关于区分意义、行动、功能三个层级以及叙事系统的理论痕迹。当然，使巴尔特站稳脚跟的还有来自语言学界的批评。我们知道，一个理论如果缺乏批评的意见，也就没有对话，没有对话也就没有真理的越辩越明。这些批评来自著名语言学家马丁内（A. Martinet）的弟子以及其追随者。他们毫不留情地讽刺巴尔特搞的不是符号学，而是"社会精神分析"。

巴尔特没有回应语言学界的批评。但决意要为"新批评"辩护，他和学院派代表皮卡尔在《论拉辛》上正面交锋，写成了《批评与真实》一文。实证主义传

---

① Eco, U. & Pezzini, I. *La Sémiologie des Sémiologie*, in *Communications*, 36(1982): pp.22-31.

统与新批评之间剑拔弩张。①《交流》、《太凯尔》、《论据》等杂志的周围，汇聚了一大批新锐知识分子，他们对巴尔特的思想有赞有弹，毁誉参半。赞的多半是像巴尔特一样，具有左翼知识分子背景或者是厌弃保守学院派做法的先锋派学者，他们支持巴尔特的形式文论带来的革命。而反对者则诟病巴尔特所谓的新批评不过是旧瓶装新酒，指责他无责任无负担地一头扎进形式的迷宫，残忍地抛弃"意义"。实际上，巴尔特不是不关注意义，只是更关注意义的生成方式。像麦茨（C. Matz）、托多洛夫（T. Todorov）等这些后来在符号学界享有盛誉的知识分子当时对巴尔特的符号学冒险是持肯定态度的。这次的交锋使得巴尔特名声大振，奠定了他在法国结构主义符号学甚至整个法国文论界领军人物的地位。

20世纪70年代巴尔特逐渐走向解构主义的方向。他大胆地宣判：作者已死。②很明显，这是为了呼应他的精神导师尼采的"上帝已死"。这种前卫大胆的定性判定首先得到了福柯的呼应。福柯也认为作者的绝对权威和创造性是值得怀疑的，他提出把作者作为讲述复杂多变的一种功能体来呼应巴尔特对作者之死的宣判，并解答了部分巴尔特所遗留的问题。其后，巴尔特发表了《S/Z》、《文本的愉悦》、《恋人絮语》，使他真正地迈入了解构主义的阵营，其解构主义思想也同样得到了解构大师德里达的肯定。德里达非常赞赏巴尔特，有一事可以佐证：巴尔特逝世之后，德里达为他写了悼词，在悼词中，他高度评价了巴尔特关注文本生命的起点与终点，颂扬他从结构主义到后结构主义的自我解构精神。然而我们可以看到，与前期作品出来之后毁誉参半的回馈不同，后期知识界对他的批评较以前少了很多。一方面是因为法国知识界结构主义思想已经逐渐褪去光芒，解构主义裹挟而来；另一方面是因为巴尔特在法国知识界已经声名卓著，所以，那些实证主

---

① 这就是著名的"拉辛战"。皮卡尔1965年在《自由》丛书中发表《新批评还是新骗术》一文，指责巴尔特的《萨拉辛》。皮卡尔的支持者发表了一系列的文章加入批判巴尔特的行列。这些文章主要发表在1965年10月至12月的报刊杂志如《艺术杂志》、《十字街头》、《十字架》、《二十世纪》、《自由的南方》、《世界报》、《巴黎透视》等。

② 此文发表在1968年。后收入批评文集之四：《语言的细声》（*The Rustle of Language*）一书，瑟伊出版社1984年版。

义传统的学院派专家们已经对各种新锐观念招架无力，纷纷退出舞台，德里达代表的解构主义迅速占领了学界的言论场。巴尔特的"互文性"理论和他的好友克里斯蒂娃，在学术界刮起了一阵清风。如果不是 1980 年 2 月发生的车祸带走了他的生命，也许我们在新历史主义的潮流中还能见到他的身影。

　　在巴尔特死后的三十多年间，法国学界对他的研究主要随着各种思想流派的兴起与没落而被提及、解构。巴尔特作为结构主义的代表人物与列维 - 斯特劳斯、格雷马斯、拉康（J. Lacon）等人一起被人们记住，也和德里达、福柯、克里斯蒂娃等人并入解构主义的先贤祠。人们是把巴尔特放在整个法国思想时代变迁的大背景下来考察的。在这一时段，对巴尔特研究做出贡献的主要有诺代哈（L. S. Nordhal）（1981）、瑞达（B. Réda）（1983）、文森特（J. Vincent）（1986）、菲利普（R. Philippe）（1986）、阿赫那得（D. Arnaud）（1987）、帕赫琪雅（L. Patrizia）（1989）、卡尔维（L. J. Calvet）（1990）、伯纳（C. Bernard）（1991）、娜塔丽（F. Nathalie）（1997）等。其中值得一提的是，娜塔莉为巴尔特的著作、日记做了很多整理工作，巴尔特死后出版的合集大多都是由她编撰出版；卡尔维采访了巴尔特生前的亲戚、好友，整理了一些重要书信文件，并为巴尔特作传，为我们全面了解巴尔特提供了翔实可靠的材料。而帕赫琪雅则批判性地谈到巴尔特思想中的三对矛盾，她认为，巴尔特思想变化的根源是他对自由的不懈追求，但同时也体现出一个理想主义者对现实的无奈逃避。总之，法国思想界对巴尔特的研究在 20 世纪 90 年代达到高潮，进入新世纪后则渐渐褪去光环。

### （二）英美国家的巴尔特研究

　　巴尔特的思想经由一些精通英语和法语的学者[①]传到英美等国家，引起了强烈的反响。在英国以赖伟思（A. Lavers）（1982）、艾伦（G. Allen）（2003）、麦克奎连（M. McQuillian）（2011）等人为代表；在美国以卡勒（J. Culler）（1975，

---

　　① 这些学者包括：Linda Coverdale、Richard Miller、Richard Howard、Annette Lavers、Colin Smith 等人。

1997，2004）、苏珊·桑塔格（1997）、詹姆森（F. Jameson）（1981，1998）等人为代表，传播、介绍、讨论过巴尔特的理论。卡勒不仅为其作传，而且在《结构主义诗学》中，对巴尔特的"文本分析法"有较为全面的论述。他把巴尔特的批评理论看作"一种努力去确定意义的可能性诗学"，"'元语言'与'直接意指'的关系为直接意指为第一系统，对应能指一，元语言为第二系统，对应能指二"①。而对巴尔特文本的解读最为深刻的莫过于詹姆森。他针对巴尔特的《S/Z》解读巴尔扎克的小说《萨拉辛》中所提出的五种语码，分析了巴尔特的文本分析的缺陷。詹姆森认为，任何文本既是历时性的又是共时性的，巴尔特的错误在于"在一个假定的历时性框架之中，借助二元对立系统将他拒斥和否定的文本形式斥为现实主义"②。而苏珊·桑塔格非常欣赏巴尔特的写作风格，她选取了和她一样宣称自己是"尼采学生"的巴尔特的一些重要文章，将它们编撰成册并为此写了导语《写作本身：论罗兰·巴尔特》。在这篇文章当中，苏珊·桑塔格认为，巴尔特的写作观归根结蒂只有一个主题，即写作本身。在谈及巴尔特的文本理论时，苏珊·桑塔格做出如此评论：

> 巴尔特的"本文"和"本文性"（textuality）概念……把有关一种结尾开放与意义多元的现代主义文学理念，输入了文学批评之中，从而使批评家恰如现代派文学创作者一样成为意义的发明者。③

由此看来，苏珊·桑塔格对于巴尔特的文本意义开放性、多义性等观点是深表赞同的。当然，不仅苏珊·桑塔格，这些观点也都受到了英语国家其他前沿学者的好评。尤其是近几年来，费丁（P. Fitting）、莫里阿提（M. Moriarty）、霍姆（S. Hoem）、汉尼（W. S. Haney）等人，他们从不同的角度，讨论了巴尔特符

---

① Culler, J. *Structuralist Poetics*, New York: Routledge, 2002，pp.52-69.

② 杨艳妮：《文本的精细读解与文化批判》，载《学术论坛》2011 年版第 2 期，第 45 页。

③ Sontag, S. *Writing Itself: On Roland Barthes,* from *A Barthes' Reader*, New York: Hill & Wang, 1997, p. xi.

号学在不同文化社区对各研究对象的阐释力。英国的麦克·盖恩（M. Gane）、尼古拉斯·盖恩（N. Gane）、白明盾（N. Badmington）、艾伦；美国的霍华德（R. Howard）、柯勒特（F. Cleto）等人活跃在研究巴尔特的前沿舞台。他们或评论、或介绍，为巴尔特符号学思想的传播做出了巨大的贡献。其中，尤其以白明盾和两位盖恩先生的研究最为突出。白明盾不仅勤于著述，还于 2010 年编撰出版了《罗兰·巴尔特：文化理论研究中的批评性评价》（共 4 卷）一书，收录了英语界研究巴尔特的经典论文 89 篇，为我们详细了解英语界对巴尔特理论的研究提供了很好的平台，其贡献巨大。麦克·盖恩和尼古拉斯·盖恩合编了《现代社会思想家之罗兰·巴尔特》（共 3 卷），详细介绍了各大名家对巴尔特的评论，他把巴尔特的著作分为 8 个时期，每个时期都选取了价值较高的论文。为我们呈现了英语界对巴尔特所做的全面而细致的研究，具有十分重要的意义。柯尔克大学（Cork University）高级讲师艾伦从存在主义与马克思、符号学与结构主义、后结构主义与作者之死以及文本理论与互文性等方面全面剖析了巴尔特的思想转变，为我们更好地理解和研究巴尔特符号学思想提供了很好的事实依据和方法论基础。而麦克奎连（M. McQuillian）（2011）主要从文化研究的角度，即"过渡（Transitions）"，考察了巴尔特的哲学立场和他的"神话"结构等，成为了一大热点。

　　如果我们把法国本土和英语世界的巴尔特研究进行对比考察，就不难发现有关巴尔特的国外研究主要体现出三个特点：首先，随着文学理论逐渐进入"冷却时期"，结构主义甚至是解构主义等由于后现代各种思潮的涌现而逐渐退出文学理论的舞台，法国结构主义和俄罗斯形式主义、布拉格学派、英美新批评等被烙上了形式文论的标签，在物理主义统一科学失败后，这些被标签为"追求精准逻辑分析"的、"准科学式"的、复杂的、朝向文本内部的形式批评方法被理论界抛弃，取而代之的则是新历史主义、后殖民主义、女权主义、生态主义、文学伦理学以及大众文化研究等。这些研究朝向文本外部，解读内容与意义。而国外对巴尔特的研究也顺应了这一发展脉络，逐渐由关注结构主义符号学理论过渡到文化研究。众所周知，巴尔特的研究就是从大众文化入手的。早年的他曾写过饮食文化、服装文化（时尚文化）、建筑文化（埃菲尔铁塔），甚至是他曾零星表达的性别文化（他本身是一名同性恋者）。因此，巴尔特早期著作反而受到更多的重视。如白明盾（2010）和麦克奎联（2011）最近几年等都试图从文化研究的角度理解巴尔特。

其次，同样受"理论冷却"的影响，索绪尔曾经预言必须建立的"符号学"这门科学并没有受到国际学术界的足够重视，因此导致人们对巴尔特符号学理论的认识论问题讨论得不够深入，缺乏一些系统性的、辩证性的、历史性的考察。法国本土理论冷却之后，英美等国（尤其是美国）受实用主义哲学的影响，文学理论界常常厌恶复杂晦涩的术语体系。他们注重问题导入，关注具体问题的探讨，反对忽略文本外部。虽然在英语世界巴尔特研究很热门，但主要是关于大众文化的，人们不大有兴趣去了解巴尔特符号学思想的全貌。在美国，除卡勒之外，学界似乎对结构主义符号学不甚感兴趣，全面研究巴尔特思想的人寥寥无几。其中一个重要的原因是因为美国的符号学传统并非索绪尔传统。符号学三大体系为俄罗斯的文化符号学、法国结构主义符号学以及辐辏于皮尔斯的美国一般符号学理论。不难理解，在美国以皮尔斯、西比·奥克、苏珊·朗格等为代表人物的一般理论符号学边缘化了具有索绪尔渊源的结构主义符号学。在英国，长期的文化研究传统以及远离符号学体系使得英国的巴尔特研究遭遇了同样的状况。人们关注的更多的是他前期的文化研究，而忽略了他的符号学思想本身。而其他地区的符号学研究则起步较晚，势力较弱。此外，俄罗斯文化符号学、法国结构主义都日渐衰微，因此，国外学界对巴尔特的符号学理论研究仍有待加强。

最后，如果我们把各类巴尔特研究（包含文化批评）进行统计，会发现法国本土对巴尔特的研究热情在 21 世纪到来之际似乎已经偃旗息鼓，反而在英语世界里获得较多的关注，即出现了"墙内开花墙外香"的状况。究其原因，恐怕还是与"理论冷却"的大背景相关。这种情况不仅是巴尔特理论研究，其他诸如萨特、福柯、德里达等的研究在法国也同样没有以前那么热。不仅是法国，在"思想圣地"欧洲的德国、意大利也是相同的情况。德国古典哲学、近代的海德格尔、维特根斯坦研究都有"冷却"的迹象。我们可以称之为人类朝着一个更加注重实用、快捷、通俗易懂的"去理论化"的时代发展。其次，法国本土的结构主义热潮消退，"布拉格之春"之后，左翼知识分子的"精神倦怠"也同样使得这些形式文论失去了它往日的光辉。反观英美等英语世界的国家，一方面，文化批评大行其道，各思想家的文化论著被广泛研究也在情理之中；另一方面，"学术崛起"所带来的虹吸效应使得学界对这位法国著名的思想家的"文化情怀"青睐有加。因此，造成了这种"墙内开花墙外香"的状况。

### （三）罗兰·巴尔特研究在中国

巴尔特理论传入中国最早是在 20 世纪 80 年代。也就是说在巴尔特去世之前，对他的传播与研究基本上是空白。80 年代，国内学界刚刚打开国门，文艺理论界似乎掀起一股引介西方方法论的热潮。结构主义作为弥补"中国当代文学理论及其批评实践在传统文学具有殊多'内容批评'而少有'形式分析'"①而引入国内。因此我们可以把 20 世纪 80—90 年代看作巴尔特思想的译介阶段。中国最早专门介绍巴尔特的是 1981 年罗芃撰写的《纪念著名文艺理论家罗兰·巴尔特》一文。此文是为报道巴尔特逝世而作，文章对法国文化界就巴尔特逝世而在报刊上发表的一系列评价和巴尔特的几部著作做了扼要的介绍，然而中国学界并没有了解到他的结构主义者身份。正如张晓明所说："罗文着力强调了巴尔特作为'批评家'的文化身份，然而令人有些不解的是，罗文却未将巴尔特与彼时研究界已初步接触的结构主义联系起来。"②1984 年，张裕禾将巴尔特的《叙事结构分析导论》译成中文，为中国学界了解巴尔特及其结构主义做出了贡献，方法论缺乏的中国文艺界开始用巴尔特的理论来分析叙事作品。进入 90 年代，巴尔特著作汉译全面开花，黄天源、土东亮、李幼蒸、谈瀛洲、温晋仪、张智庭、屠友祥等分别整本地译出了巴尔特的一些著作，为国内学者全面了解巴尔特的思想奠定了基础。

经历 10 年左右的引介，20 世纪 80 年代末到 90 年代初国内学界逐渐摆脱单

---

① 康林：《文本结构的拿来与发展》，载《文学评论》1987 年版第 5 期，第 159—160 页。

② 张晓明：《巴特文论在中国的译介历程》，载《当代外国文学》2006 年版第 2 期，第 120 页。

纯译介转而开始比较、反思与评论。这时期主要代表人物有耿幼壮、易江、韦遨宇等人。《外国文学评论》两次刊发关于巴尔特的评论文章。其中，耿幼壮的《写作是什么？评罗兰·巴尔特的写作理论及文学观》认为巴尔特文学文本观的核心就是写作本身，他消解权威，打破了从作者到作品再到读者的固定程式；易江的《罗兰·巴尔特的语言哲学》讨论了巴尔特关于语言、符号、文化的辩证关系；韦遨宇在1990—1991年间发表了《"明修栈道，暗度陈仓"——读罗兰·巴特的〈叙事结构分析导论〉》和《中国古典文论与法国后结构主义》两篇文章，比较深入地讨论了巴尔特的叙事句法，并将他的理论和中国古典文论进行对比，认为巴尔特所代表的法国结构主义文论是熔中西哲学美学境界于一炉的象征思维与话语方式。随着国内文艺理论的繁荣，巴尔特研究在国内也更加深入。主要有冯寿农、张新木等人。张新木教授撰写了《当代法国小说中的空间符号》（1997）、《从符号学角度看翻译》（1998）等重要论文，他运用巴尔特的符号学理论对具体文学对象进行分析，弥补了前人的空白。进入21世纪以后，是巴尔特研究在国内蓬勃发展的阶段。这时期涌现了许多原创性、批评性述评，更加难得的是，学界开始把巴尔特置于结构主义与解构主义整个时代背景下进行比较研究。学者们把巴尔特的理论放在形式主义文论的大框架下加以讨论，并把他和索绪尔、叶姆斯列夫、克里斯蒂娃、巴赫金等人进行对比和分类，探讨他们之间的渊源。这时期有影响的学者主要有黄晞耘、吴晓峰、屠友祥、黄光伟、蒋传红、谢龙新、步朝霞、李勇、周菡、刘文、项晓敏、郑一舟等人。黄晞耘教授的三篇重要论文《被颠覆的倒错——关于巴特后期思想的一个关键概念》、《罗兰·巴特业余主义的三个内涵》、《罗兰·巴特思想的转捩点》，代表了21世纪初期的最高水平，黄教授以其一贯的敏锐，将精细文献和学术性、可读性完美融合在了一起，是不可多得的力作。在这些文章中，巴尔特的性别观（同性恋）、写作目的论以及他从结构主义横跨到解构主义的思想脉络得到比较清楚的阐释。吴晓峰的《符号与意义：巴特符号学与现代语言学的比较研究》论证了巴尔特的语言观，他认为巴尔特的语言观包括广义与狭义，狭义语言从属于符号，符号从属于广义语言。周菡的《零度的乌托邦——浅谈罗兰·巴特写作的零度》，认为巴尔特的"零度写作”实际上是将自己囚禁在无形的语言牢笼中。步朝霞的《自我指涉性：从雅各布森到罗兰·巴特》对比了雅各布森和巴尔特的“自涉性”，她认为，“自我指涉性”思想又包含着两个基本要点：其一是“将注意力吸引到文学自身”；其二是所谓“更新意识的功能”。[①]屠友祥的《罗兰·巴特与索绪尔：文化意指分析基本模式的形成》论述了巴尔特的索绪尔—叶尔姆斯列夫语言学渊源。黄光伟的《罗兰·巴特文本理论与巴赫金的“复调”理论之比较》首次将巴尔特的理论与俄罗斯文化符号学家巴赫金的“复调”理论进行对比，认为两者之间有文本复数等相似概念，都试图破解形而上的逻各斯中心。李勇的《作者的复活——对罗兰·巴特和福柯的作者理论的批判性考察》对巴尔特的“作者之死”提出质疑，认为作者自文本诞生之后不可能完全退场。谢龙新的《罗兰·巴特的符号学体系与叙事转向》和《“阉割的轴线”：〈S/Z〉叙事分析之一》主要从叙事学的角度论述巴尔特的文本符号化模式。郑一舟的《试论作为一种元语言的结构主义文学批评》分析了巴尔特的符号学系统层级嵌套关系，认为巴尔特的符号学是一种用语言谈论语言的结构主义批评方法等。21世纪之后，随着符号学研究在国内的兴起，四川大学新闻与传播学院成立了符号学研究中心，南京师范大学外国语学院成立了国际符号学研究所，以赵毅衡为首的符号学研究学者对于巴尔特的结构主义分析方法进行了较为细致的梳理。标志着巴尔特及其结构主义符号学思想在国内研究进入了一个新的时代。

　　近几年来，也出现了一些研究巴尔特的专著。这些专著主要是博士学位论文修改而来。主要有汪民安的《谁是罗兰·巴特？》、项晓敏的《零度写作与人的自由——罗兰·巴尔特美学思想研究》、钟晓文的《符号·结构·文本——罗兰·巴尔特文论思想解读》等。汪民安的《谁是罗兰·巴特？》为传记体作家研究。该书可读性强，主要介绍巴尔特的生平事迹，为我们全面了解巴尔特提供了良好的素材。项晓敏主要从美学伦理学的角度论述巴尔特美学思想中可贵的自由主义。

------

① 步朝霞：《自我指涉性：从雅各布森到罗兰·巴特》，载《外国文学》2006年版第5期，第74页。

项晓敏认为，巴尔特通过"反对一切权威和中心，反对观念意识对人的束缚"主张给人以自由，体现了"审美主体人道主义与人的自由存在的终极关怀"①。该书发掘了巴尔特美学思想的伦理学意义，表达了知识分子对自由思想的渴望，是十分宝贵的。然而，她并未涉及巴尔特结构主义符号学思想的系统分析。而钟晓文最新出版的专著《符号·结构·文本——罗兰·巴尔特文论思想解读》则选取了巴尔特11本重要著作，分前结构主义、结构主义、后结构主义三个阶段对巴尔特的文论思想进行了解读，厘清了巴尔特各个时期的论述逻辑、理论观点与方法论。该书跨度较广，解读详尽，但纵度不深不能不说是一种遗憾。

巴尔特研究在国内取得较大成果的同时，不得不承认国内研究也有些不足之处。主要表现为：第一，这些研究都过于集中地讨论巴尔特前期的结构主义符号学、叙事学，较少关注他的后结构主义文论思想，比如阅读符码与文本互文。事实上，巴尔特的后结构主义文本分析方法有很强的操作性，他从《萨拉辛》的文本分析中归纳出五种阅读符码，根据这些阅读符码，人们可以建构叙事谱系图式，提谜、解谜故事延宕，从而可以揭露叙事的生成方式。另外，业余主义、迷醉写作等理论谈论的不多，事实上，后期巴尔特沉迷于能指的狂欢与文本的嬉戏，与康德在《判断力批判》里谈到的文学艺术创作必须是"愉快的劳动"有逻辑上的承继关系，只是康德的观点更多地被浪漫主义文学接受（如美国浪漫主义时期的"婆罗门"诗人就很推崇康德和洛克），但巴尔特的业余主义和迷醉写作不涉及故事类别，只涉及写作者的视角与立场，因此，这两个概念还有值得深挖的地方。第二，国内的研究有"政治正确"式的为赋新词之感，缺乏一种世界的眼光和整体的视角。有些学者生搬硬套地把巴尔特符号学思想作为一种阶级立场，以此"革命性"来批判"资本主义经济制度的邪恶"，这显然不太可取。如刘文在《辩证性和革命性：克里斯蒂娃和巴特的互文本理论》中写道："长期以来，资本主义社会经济制度的邪恶本质被虚伪的语言和写作上的清晰性、一致性和纯洁性所掩

---

① 项晓敏：《零度写作与人的自由——罗兰·巴尔特美学思想研究》，上海：复旦大学出版社2003年版，第12—79页。

盖和误导。互文本批评家根据马克思主义关于资本主义必然灭亡的基本原理推出一个新的结论，即伴随着资本主义制度共生共长的作者也必然死去……以克里斯蒂娃和巴特为代表的互文本批评家的政治目的是明确的，试图寻求社会权力的再分配。"① 很明显，这曲解了巴尔特"作者之死"的含义，也拔高了巴尔特的"政治觉悟"。巴尔特虽被归为"左翼知识分子"，但很明显他从未训诫自己站稳阶级立场，甚至还无情地嘲讽过那些"革命式"的阶级运动。我们从 1974 年巴尔特在考察完模范社会主义国家回国之后对那些希望他大加赞赏目的地的左翼读者们报以沉默的态度中就可见一斑。因此，巴尔特的政治立场是含混的，或者说是"不感兴趣的"，我们不能对他被归纳的"左翼知识分子"有过多的想象。周宪先生曾经谈到过，文艺批评经历过"政治正确"到"文化正确"的转向，对此，巴尔特的国内研究者们也需秉持"文化正确"的视角，客观地还原他的精神原貌。

随着跨学科研究的兴起，人类对科学主义的追求与日俱增，符号学这门学科在新时期又重新获得关注并逐渐扩大了它的研究对象。符号学作为一种研究方法，我们可以在它前面加上一个定语，用来表示一个符号学的子学科，如一般符号学、文学符号学、文化符号学、电影符号学等。因此，当"理论符号学"被建构时，巴尔特所代表的法国结构主义符号学成为构成系统不可或缺的部分，所以，巴尔特研究逐渐成为一种回顾、梳理，它逐渐在符号学历史的链条中与其他流派一起并置而实现新的价值。鉴于国内外对巴尔特研究的不足，新时期巴尔特的研究需要全新的、立体的、"文化正确"的视角，不然，我们能窥探到的巴尔特，也可能只是沧海一粟。

综上所述，我们可以将国内外巴尔特研究做如下归纳，国外研究有三个特点：①关注点逐渐由结构主义符号学过渡到大众文化；②缺乏一个系统性、辩证性、历时性的考察和横向的比较；③法国本土"理论冷却"，巴尔特的"文化情怀"却在英美流行，即"墙内开花墙外香"。国内巴尔特研究主要表现为：①缺乏对

---

①　刘文：《辩证性和革命性：克里斯蒂娃和巴特的互文本理论》，载《西南民族大学学报（人文社科版）》2011 年版第 5 期，第 212 页。

后期巴尔特重要文论思想的研究，如阅读符码、业余主义、迷醉写作等；②"政治正确"立场下拔高了巴尔特的阶级意识，缺乏一种世界的眼光和整体的视角。

## 三、研究方法、创新之处及研究意义

随着符号学的兴起，哲学与文学领域的"语言学转向"，巴尔特符号学思想受到越来越多的重视。形式分析法为文学研究提供了新的方法论视角，科学主义加剧了人的理性需求，受乔姆斯基语言革命的影响，文学研究越来越走向精细的文本符号方向，也模糊了语言学与文学的界限。巴尔特的符号学代表的结构主义与后结构主义的基本立场，对当时以及当代人文科学研究具有理论和实践意义。然而，任何一种理论都并不是无懈可击的。过分推崇则走向"帝国主义"，就如物理主义统一科学的失败结果一样。因此，当前研究巴尔特的符号学更应注重时代性、前瞻性、批判性。本书以文本符号理论为研究核心，首先确定研究对象，框定研究视角，梳理研究思路进而形成研究体系，致力于探索巴尔特符号学思想的流变过程，发掘其符号学思想的内核和指导意义。并进一步探究其理论缺陷和解决办法，推动符号学在人文社会科学的发展，为文学研究提供更广阔的理论背景和方法论基础。本书具体采用以下研究方法：

（1）演绎法。演绎法是巴尔特一直恪守的结构分析准则。他在《叙事结构分析导论》中曾写道："符号学分析必然应该是一种演绎性的程序，它首先必须设想一种假定性的描述模型（美国语言学家称之为'理论'）。"[①]鉴于本文主要的研究对象为巴尔特的结构主义符号学思想，因此承袭这种研究方法是必要的。为了阐明巴尔特结构主义理论，本书试采用多模态的表现手法，再现巴尔特的精妙逻辑。

（2）比较法。这种比较法涉及横向与纵向的比较。横向上即在历时的层面线性考察巴尔特符号学思想发展变化的脉络。纵向上即在共时的层面把巴尔特与

---

① Barthes, R. *The Semiotic Challenge*, translated by Richard Howard, New York: Hill & Wang, 1988, p.97.

其他流派如前苏联文化符号学、布拉格语言学派等进行比较。重点在他与塔尔图 -
莫斯科符号学派代表人物洛特曼、文艺学家巴赫金、结构主义语言学家雅各布森
在微观上进行散点比较，找出他们之间的有机联系。

本文创新之处及研究意义：

1. 创新之处

首先，本文采用的理论视角是全新的。国内尚无专门从此理论的角度对巴尔
特的符号学思想进行过系统的、全面的研究。其次，本文采用的研究方法有创新
之处。本文拟借用多模态的表现手法以及横、纵向比较的方法，能更清晰地再现
巴尔特符号学思想的全貌。再次，本文的立论框架具有创新性。本着批判性的原
则，拒绝简单的阐释，在厘清巴尔特结构主义方法论的缺陷——被囚禁于"结构
的牢笼"之后，本书第五章主要提出"新文化批评"的设想。在借用传统结构主
义区分法的基础上，提出一种新的文本类型学，并构建一种新的批评模式。

2. 研究意义

首先，探讨巴尔特文论的渊源嬗变具有理论意义。本文试图弥补国内学者对
巴尔特符号学思想研究的不足。有助于更好地厘清结构主义、后结构主义的发展
脉络，挖掘巴尔特符号学思想的深层含义。他的符号论显然已远远超出索绪尔和
雅各布森的原始结构主义，他对各种意义的解释，不再采用雅各布森关于声音与
意义的双重结构的观念，而是更多地发展了拉康等人所提出的三对巴洛美纽结的
重要观念，迈向"结构"与"解构"相互结合的灵活思路。

其次，研究巴尔特的符号论对于新的理论建构具有实践意义，有助于更好地
发现巴尔特文艺理论的缺陷，为新的研究范式提供理论基石。巴尔特的文化意指
分析基本模式的形成和建立本身是为了消解语言所指，尝试按照作品的组织原则
和内部结构揭示文本中种种因素的深层含义和背景。然而，这一"拯救文学"的
尝试并未成为"救世主"，最终被禁锢于语言无形的牢笼之中。在强大的意识形
态机器面前，真正的超越成为一种乌托邦。

最后，研究巴尔特的符号论对整个符号学学科发展具有建构意义，有助于厘清符号学基础理论研究各流派、各系统之间的哲学基础、语言学基础、思想承袭、内在动源的联系与差异，弄清楚巴尔特所代表的法国结构主义语言符号学与俄国塔尔图-莫斯科符号学派所代表的文化符号学以及以美国的皮尔斯、莫里斯为代表的一般符号学之间的联结与差异。

# 第一章　文化研究视域下的文本

20 世纪是属于人文科学"语言学"的世纪。这不仅表现在哲学上的语言学转向，文学研究也自俄罗斯形式主义开始，催生出跨语言学科性质的研究。如果说胡塞尔的现象学奠定了语言学转向的基础，那么海德格尔宣布语言是"存在的家园"则进一步推进了这种变革。哲学界、文学界开始把目光投向这个被遗忘的角落。应该说，文艺界跟随哲学界自我更新是必然的。按照黑格尔的观点，文学、艺术最终要让位于哲学。而索绪尔开创了现代语言学，其严密的系统逻辑和结构分析方法为文艺学的语言学转向搭建了桥梁。那些文艺理论家们便自觉辐辏于这种崭新的方法论，并试图找出一切通往语言学的道路。因此，语言、文学、文本、符号之间的关系变得胶着、相互依存、互为基础。在巴尔特看来，描写文学意义生成的"文本"本质上是一种语言存在。他的"文本"概念既继承了解释学的某些观念，又丰富和发展了文本的外延。我们意外地发现，虽然巴尔特并非处在后现代主义思潮的时期，但他对文本的理解却带有一种后现代主义的特点，是后现代主义"泛文本"、"超文本"概念的雏形。为此，他借鉴了语言学的方法，建构了一套符号学系统，用来分析一切文本现象。和格雷马斯不同，巴尔特是通过文学、文化研究过渡到语言学领域的（格雷马斯则相反）。自 1953 年发表《写作的零度》（那时巴尔特尚未读过索绪尔的著作）以来，巴尔特一直寻求文学研究方法论的新生，而普罗普的童话研究、列维 - 斯特劳斯的结构人类学令他惊喜地发现一种潜在的共鸣。因此，从 1957 年左右建构的"神话"结构到 1963 年标志着他符号学理论框架基本成型的《符号学原理》一书出版（尽管当时巴尔特的符号学框架并不算成熟），"语言"问题一直是巴尔特关注的焦点。他甚至和声于结构主义"一切问题皆语言、语言是没有飞机的领航科学"[①] 的时代旋律。而他的符号学框架的建立必然地成为文学与语言学的新界面。总的说来，语言、符号、文本是一种共同存在。

## 第一节　文本的重新界定

文本（text）一词源于拉丁文（texus），原意是纺织物。词根 texere 表示与织物有关的东西，如 textile（纺织品）、architect（建筑师）等。"文本"一词在后期拉丁语（textus）和 12—15 世纪中古英语（texte）中开始表示文章的结构、主体。对应的中文翻译有两种：文本、本文。20 世纪以来，随着哲学上的语言学转向，文本被看作一种语言的存在。哲学上经历本体论、认识论之后，开始注重语言的功能。在此视域中世界不再是永恒的、抽象的本体，世界是意义的构造物，而语言则编织意义。因此，语言呈现世界的本体，也是解释世界的途径。如前所述，文本是意义的构造物，也必然由语言编织而来，文本生成模式与语言学模式在某种程度上同构。在文学文本中，语言成为文学的本体。文本的语言本体论转向导致指向发生由外到内的转向。文本成为独立于社会历史之外的独立存在。文本从而成为封闭的、自足的系统。这种观念发轫于俄罗斯形式主义，经新批评、结构主义达到了高峰。在西方文艺理论中，最早对文本进行界定的学派是俄罗斯形式主义。他们认为，文本是一种语言客体，其本质特征是文学性。新批评则认为文本是语言的有机整体，其本体是构造机制。作为结构主义的代表人物，巴尔

---

① [法]弗朗索瓦·多斯：《从结构到解构：法国 20 世纪思想主潮（上卷）》，季广茂译，北京：中央编译出版社 2005 年版，第 81 页。

特更宣称文学研究的对象应该从作品走向文本。在他看来，文本是以言语方式呈现的组合段，结构不仅是文本的构造物，而且其本身就构成了文本的规则、秩序和逻辑。在符号系统里，"言语（parole）"的概念不仅仅是与语言相对的概念，更是一切符号结构对应的个体产物。

## 一、从作品到文本

如果说巴尔特建构结构主义符号学理论的宗旨是为文学研究提供一种范式，那么描写文学意义生成的文本则是他最关心的问题。1977年巴尔特以符号学家的身份进入法兰西学院，他在就职时发表过一个简短的演说，在演说中他说：

> 我并不认为文学是一组或一套作品，甚至也不把它理解为意义互动和信息传递的一部分；而是把文学看作为有关一种实践的踪迹（practical trace）的复杂文字篇章记录：即写作的实践。因此对文学来说，我主要关注文本（text），亦即构成作品的意指之织体（tissue of significants）。因为文本是"语言"的外显部分，然而在"语言"的内部，语言则可能被抗拒和移情：但不是由于"语言"乃作为某信息的工具，而是由于"语言"为其活动场域的话语的具体运用。所以我经常不加区分地使用文学、写作或文本这些字词。①

自《写作的零度》面世，巴尔特就试图去发现一种一劳永逸的分析方法，而正是这种探索最终使他走向结构主义符号学的道路。如果说符号学是他的方法论，那么其研究对象则必须扩展，因为单纯的文学作品无法全部呈现所有意指现象。符号学借助语言学理论来建构，而文本"则彻头彻尾地与语言同构：它是语言且只能通过语言而不是自身显现出来"②。所以，巴尔特的理论逻辑必须从

① Barthes, R. *Inaugural lecture, College of France*, in Susan Sontag, *A Barthes' Reader*, New York: Hill & Wang, 1997, p.462.

② Barthes, R. *Image - Music - Text*, London: Fontana Press,1981, pp.39-40.

研究语言开始。他借助索绪尔语言系统的若干二元区分，建构了自己的符号系统（本章第二节将详细讨论到）。诚如他自己所说，是为了"寻找文本的一切意指系统"①奠定方法论基础。接着，他用此意指模式分析资产阶级的言说方式——神话（myth），因为神话是一种"言语"，当然也是一种文本。

那么，巴尔特是如何定义文本的呢？我们发现，巴尔特的文本观也经历了一个嬗变的过程，这个过程表现为从"神话文本"到"叙事文本"，再到"可写文本"与"可读文本"、"互文本"的过渡，它体现了巴尔特从结构主义过渡到解构主义的基本理路。这种发展使得文本的概念变得逐渐清晰、明朗、丰满、成熟。早期的巴尔特并没有对文本下一个清晰的定义。直到1971年发表《从作品到文本》和1973年出版《文本理论》才模糊地对文本下了一个定义（巴尔特似乎不愿意给任何一个术语做出僵死的判断）。在这两篇文章中，他反复论证"织物（tissue）"这一概念，他认为，文本是"文学作品的可以被人感知的意义载体：是字词织入作品的编织物，字词以合理方式被编排，以便确定某种固定的但又最大程度上具有特殊意义"②。在他看来，文本是某个观念总体的一部分，而这个观念的核心则是符号。文本的观念含有符号组合的意指实践：

> 被确定的信息作为符号依次被表述出来或联合起来：一边是能指（文字和由文字组合而成的词、句子、篇章的物质性），另一边是所指，兼具原义、单义以及确定意义……这些符号是用来传送所指的。③

不难看出，这种观念肯定了语言、符号是文本的核心要素。巴尔特认为，需要构建一种基于文本的新的批评方法来反对古典文学批评的专断。古典文学批评

---

① Barthes, Roland. *Elements of semiology*, translated by Annette Lavers & Colin Smith, New York: Hill & Wang, 1977, p.96.

② Barthes, R. *The Theory of Text*, in Robert Young, *Untying The Text*: *A Post-Structuralist Reader*, Boston, London & Henley: Routedge & Kegan Paul, 1981, p.32.

③ Barthes, R. *The Theory of Text*, in Robert Young, *Untying The Text*: *A Post-Structuralist Reader*, Boston, London & Henley: Routedge & Kegan Paul, 1981, p.33.

的专断在于组成文本的符号是封闭的，它阻隔一切意义。而现代批评则要重建一种文学批评，真正获得开放的文本。因此，从前称作文学批评的东西在结构语言学出现之后，开始表述为一种符号批评，即文本理论。由此看来，巴尔特的文本理论和符号批评本质上是一回事。那么，文本理论或曰符号批评的理论基础是什么呢？巴尔特认为有三个方面（都来自语言学）：首先是把文本当作一种整体语言来思索，它直接来源于卡尔纳普、罗素、维特根斯坦的逻辑学；其次是布拉格学派和雅各布森的结构语言学使文学话语传统分类改变，文学由语言学来表征；最后，索绪尔的语言系统的构建充当了文学话语分析的角色。

我们知道，传统结构语言学的研究止于句子。那么，超过句子的是什么呢？巴尔特认为，文本这个概念正好用来指征那些散漫的单元元素。巴尔特引用了托多洛夫的话说：

> 文本的概念并不与句子处在同一层面，同时，文本也必须和段落进行区分，段落是由若干句子组成的排版单位。文本能与句子重合，就像与整本书重合一样。[①]

在巴尔特看来，文本研究类似于诗学语义学，它遵循实证科学的原则。文本研究可以用两种方式进行：内在的和外在的。内在的方式有关于社会学、历史学、心理学；而外在的方式则把文本当作一个可供主体对文本本身进行隔开距离地考察的客体。同时，文本也是一种融合的对象：

> 语言学和符号学相关联的结果被放置在一个新的映射领域（被相对化：破坏和重建兼具），这个领域主要由辩证唯物主义和精神分析学的相互关联来界定……不同学科或科学之间的融合是必要的，这种融合能

---

① Barthes, R.*The Theory of Text*, in Robert Young, *Untying The Text: A Post-Structuralist Reader*, Boston, London & Henley: Routedge & Kegan Paul, 1981, p.34.

导致新的分支或对象的形成，我们可以称这种新对象为文本。[①]

巴尔特进一步指出，文本分析是重现织物的编织实践，即重新解体生成过程。文本也是语言的一块碎片，将自身置于诸类语言的一种恰当关系上。1971 年，巴尔特撰写了《从作品到文本》一文，收入到《音乐、形象、文本》[②]一书中。在该书中，他对作品（work）与文本（text）进行了区分。他宣称：文本即意义。巴尔特认为，作品意义的确定随着语言学、人类学的发展已经变得多元。应该重新理解作品的意义，而要理解作品则必须从作品过渡到文本。他这样写道：

> 现在的历史，我们的历史，只允许迁移、更改、逾越和抗拒。正如爱因斯坦理论要求在客观研究中包容参照点的相对性，同样，马克思主义、弗洛依（伊）德主义和结构主义的联合活动要求在文学领域里包容撰稿人、读者以及观察者、批评家关系的相对性。与作品的概念相反——一个长期以来乃至现在仍继续以一种被称为牛顿主义的方式进行思考的传统概念——现在对新客体有了一种需要……这个客体就是文本。[③]

对于巴尔特来说，文本是由语言决定的。换句话说，文本是一种话语（discourse）存在。文本不只是文学，它不包含在一个等级序列当中，甚至不牵涉简单的体裁区分。文本是接近于清楚表达规则的东西，是对符号的接近和体验，作品则对应所指，而文本则相反，常常是所指的延展（deferral）和延宕（dilatory）。借用雅各布森的概念，巴尔特认为决定文本逻辑的是转喻（metonymy），本质上是一种象征（symbolic）。这样一来，文本必定要借助语言结构来还原其本质。同时，文本也是复数（plural），即文本能获得复合意义。"文本不是各种意义的随意组合，

---

① Barthes, R. *The Theory of Text*, in Robert Young, *Untying The Text: A Post-Structuralist Reader*, Boston, London & Henley: Routedge & Kegan Paul, 1981, p.35.

② 此书 1977 年由希尔和王出版社出版，由斯蒂文·希斯（Stephen Health）从法文原版翻译而来。

③ Barthes, R. *From Work To Text*, in *Image, Music, Text*, Edited and translated by Stephen Health, New York: Hill & Wang, 1978, p.156.

而是一个过程、一种跨越。文本的复数并不意味着它的内容有多义解释，而是指由能指构成的那种称为立体的复合的东西。"① 文本的读者则是多模态意象的"游客"，文本是其在"畅游"的过程中（即阅读）产生的具有差异的东西。因此，每个文本都参与交织另一个文本。国内学者梅启波将巴尔特文本区别于作品的概念归纳出四个方面："第一，在本体层面，作品是一个实体，一个可见的实体，而文本则只能在生产中被感知；第二，在文类层面，作品只是意识形态产物中的文学这一类，而文本则不只限于文学，还包括其他各种艺术以及文化产品；第三，在符号层面，作品限于所指，而文本则是一种纯粹的能指游戏；第四，在阅读层面，作品是一种文化消费，作品带给读者的只是一种愉悦，而文本是一种游戏、劳动和生产，文本带给读者的则是一种快乐和极乐。"②

必须指出，巴尔特对作品与文本进行区分并不意味着两者不存在互属关系，或者说作品与文本是两个完全不同的两个概念。正确的理解是：文本只能在作品中、在生产过程中感知，即意指过程。巴尔特这样说明此二项的差别：

> 作品是已完成的意义集合，它可计数而且占据一个物理学空间（如图书馆的书架）；文本则属于方法论的范畴，而且，文本是不可计数的，至少不能用一种常规的方法来计数：我们只能说作品中是否存在文本。作品被捧在手中，而文本则在"整体语言"中被构筑。③

过渡到解构主义阶段的巴尔特对文本有了新的阐释，这一阐释是基于好友克里斯蒂娃对文本的定义的基础之上的。克里斯蒂娃在其《文本理论》里这样写道：

---

① Barthes, R. *From Work To Text*, in *Image, Music, Text*, Edited and translated by Stephen Health, New York: Hill & Wang, 1978, p.159.

② 参见梅启波：《文本概念的旅行及其核心要素的生成》，载《河南师范大学学报（哲学社会科学版）》2011 年版第 4 期，第 199 页。

③ Barthes, R. *The Theory of Text*, in Robert Young, *Untying The Text: A Post-Structuralist Reader*, Boston, London & Henley: Routedge & Kegan Paul, 1981, p.39.

我们把文本（Texte：大写）定义为一种超语言学的机制，它重新分配语言的范畴，把本来用于直接传递信息的言语与以前或同时代的其他话语联系起来，对"整体语言"的目录进行重新分类。[①]

基于克里斯蒂娃的定义，巴尔特把文本归纳为三种类构概念：文本是一种能指实践、一种生产力，也是一种意指过程。首先，文本是一种意指实践。什么是能指实践呢？巴尔特认为，能指实践是基于意指拓扑学的有差异的意指系统，也是一种实践（practice），即意指作用不是在抽象层面（语言）产生。其次，文本是一种生产力。文本不是劳动产品，而是劳动场所。在此，文本的生产者与读者相遇：文本是流动的，维持着"生产过程"。再次，文本是一种意指过程。它拥有一个总体的和私密的所指，由此引发不同学派、不同角度的生产，文本是一个"多义的空间"。文本可分为现象文本和生成文本，两者产生一种文际关系（intertext），这便是"互文本"理论的前奏，本文第四章将会进行详细的论述。

## 二、文化研究视域下的文本

值得一提的是，巴尔特对文本的界定已经具有了某种后现代主义的特点。20世纪60—70年代，随着现代科技的发展，以西方马克思主义、新历史主义、后殖民主义、女权主义为核心的后现代主义与文化研究开始在西方蓬勃发展。在这种视域下下，传统的文本概念已经不能满足理论的需要，开始变得驳杂，出现了超文本和泛文本等概念。后现代主义与文化研究的文本大致可以分为两类：一类是传统纯文学文本，研究内容为文本背后的民族、阶级、权利、性别、身份等经济学、社会学的问题；另一类文本则是网络文学、电影、电视或者是诸如广告、时装、居室装饰等更广泛的文化文本。超文本（hypertext）这一概念最先由美国学者乔治·兰郎（George P. Landow）提出。他认为，超文本是指"非持续呈现，

---

[①] Kristeva, J. *Le texte clos*, in *Σημειωτιχη*: *Recherche pour une sémanalyse*, Paris: le Seuil, 1969, p.113.

即分叉的、允许读者做出选择的、最好在交互屏幕上阅读的文本"①。这与巴尔特对文本所做的"生产"、"复数"、"交织"的定义在本质上是一致的。我们或者可以这样说，巴尔特对文本的界定和实践有意或无意地为后现代主义的"超文本"、"泛文本"等概念提供了理论基础。超文本是文本概念的拓展，是语言学转向符号学的必然结果。按照国内学者梅启波的定义，"超文本采用文学语言以及直接诉诸人的感官的符号和媒介（如视觉，包括图画、造型艺术作品；听觉，包括声音信号、音乐；或者视听多种感官，如戏剧、影视、网络媒体等），以超链接的方式建构的充满交互性的文本。这样一来，文本概念范围明显扩大，文本意义涉及社会、政治、经济、历史等多方面背景，甚至进入了文化学领域，因此这种文本也被称为泛文本"②。北京师范大学钱翰研究员曾归纳出西方文艺批评和文学理论对文本的看法有以下几种情况："第一，在以传统的方式进行的文学批评中，文本与作品保持了曾经的和谐关系，文本是作品的书面文字确定性的保证，也是语文学的基本对象，文本分析的目的是进一步探讨作品的精神和美学价值。第二，在继续以语言学工具探索文学话语普遍规律的学者那里，文本依然是最主要的研究对象，文本研究目的是掌握整体文本的结构。第三，继承后结构主义思想的批评家依然不愿承认'作品'的权威，继续使用'文本'概念来反对固化的价值体系和话语秩序。第四，在文化研究的视野中，一切表意的文化产品都被视为'文本'，一部电影、一幅画，甚至一种时装都是文本。"③巴尔特对文本的界定明显属于第三和第四种情况。早期的巴尔特研究诸如"神话"文本、"流行系统"文本（包括音乐、时装、饮食、建筑）等属于文化研究范畴的文本，而过渡到后结构主义的巴尔特则呼吁"从作品到文本"来反对古典文学批评的专断。另外，巴尔特在文化研究中践行的解释学方法论也说明了这一点："从解释学上

---

① Landow, G. P. *Hypertext 2.0: The Convergence of Contemporary Critical Theory and Technology*, Baltimore: Johns Hopkins University Press, 1997, p.3.

② 梅启波：《文本概念的旅行及其核心要素的生成》，载《河南师范大学学报》（哲学社会科学版）2011年版第4期，第199页。

③ 钱翰：《从作品到文本：对文本概念的梳理》，载《甘肃社会科学》2010年版第1期，第41页。

看，说的话是文本，写的书是文本，画的画是文本，音乐作品是文本，信号灯是文本，电报是文本，等等。任何一物，只要把它当作传达精神的符号来使用，就是文本。"① 总之，文本观念的流变与哲学上的第三次转向以及整个西方文论的发展脉络是一致的。巴尔特的思想发展历程也与之契合。他对文本的理解也是随着 20 世纪各种思潮的涌现而完善和发展的。

必须指出，巴尔特把文本当作其符号学分析方法的核心与塔尔图 - 莫斯科符号学派的文本观不谋而合。塔尔图文化符号学派的代表人物洛特曼就把文本看作其概念系统的中心，是"核心的核心"。洛特曼在对文本的定义中提到："文本不仅仅指自然语言写成的文字作品，任何一个被赋予完整意义的客体都是文本，比如绘画作品、音乐剧、一个仪式、一个手势以及无法留存的口头传达都可以是文本。"② 巴尔特与洛特曼在对待文本方面具有某些相似性，这一方面是由于巴尔特也是一个文化研究者，他把构成文化现象的文本从文学文本中扩展开来；另一方面则是他与洛特曼一样，都从符号学意义上来定义文本，两者都是文艺符号学家（单纯地认为巴尔特只是语言符号学家是有失公允的），结构语言学的理论和俄罗斯形式主义一脉相承，为两者的理论来源。只是巴尔特和洛特曼在各自最终的落脚点上有些差异，洛特曼聚焦于文化，而巴尔特最终回归到文学，其文化研究只不过是文学研究的基石。巴尔特把文本看作一种反权势（此术语来源于福柯）的力量，文本成为符号学的核心有助于打破陈腐专制的意义产生机制，正如他在法兰西学院就职演讲时所说：

> 在各种小权势和谐并置的整体中，文本已成为去权势化（nonpower）的标志本身。文本自身包含了无限规避个体话语（那些被聚在一起的个体话语）的力量，甚至当个体话语在文本中重新塑形自我的时候。文本永远延宕向前，这种类似于幻影般的运动正是我在谈论文学的时候企图

---

① 王金福：《文本是语言》，载《福建论坛》2011 年版第 10 期，第 67 页。

② 康澄：《文化及其生存与发展的空间：洛特曼文化符号学理论研究》，南京：河海大学出版社 2006 年版，第 20 页。

去描述和辩护的。它延宕到其他未被分类的、非论题的（atopic）领域，我们甚至可以说，他离开了政治化了的文化之论题形式……文本轻微地、暂时性地揭掉了那个沉沉地压在我们语言上面的普遍性、道德性、非差异性（in-difference；在此特别标明前缀与词根的连接符）的盖子……专注于文本的符号学目光又迫使我们拒绝一种神话，即一种我们通常依靠它来使文学摆脱开环绕着它、压迫着它的语言的神话，同时这也是纯创造性的神话：符号应当最好被当作（或被重新当作）是还未完全实现的。[①]

概言之，一方面，巴尔特认为文本是符号系统的意指过程；另一方面，他对文本的界定与后现代主义文化研究相互胶着，研究理路也体现出超文本的实践，即从资产阶级"神话"结构开始到音乐、服装以及整个流行系统的结构，再到叙事文本结构以及后结构主义的互文本结构的研究历程。这种实践充分表明巴尔特始终秉持着符号学的视角，并且他践行了这一逻辑主张。在阐述巴尔特符号系统的建构之后，本书将沿着巴尔特的历时性发展历程，探究他文本理论的结构分析。

## 第二节　文本的核心要素：符号

符号，是"文化现象中的表达单元，正像作为语言和思想的表达单元一样，代表着人类精神构造和物质构造的基本元素"[②]。按照赵毅衡先生的定义，"符号是携带意义的感知：意义必须用符号来表达，符号的用途是表达意义"[③]。在符号学层面，"符号以字、词、形象、声音、手势、对象等形式表征"[④]。

---

①　Barthes, R. *Inaugural lecture, College of France*, in Susan Sontag, *A Barthes' Reader*, New York: Hill & Wang, 1997, pp.472-473.

②　李幼蒸：《理论符号学导论》，北京：中国人民大学出版社 2007 年版，第 11 页。

③　赵毅衡：《符号学原理与推演》，南京：南京大学出版社 2011 年版，第 7 页。

④　Chandler, D. *Semiotics: The Basics*, London & New York: Routledge, 2007, p.2.

## 一、符号与符号意义的确定

在巴尔特看来，符号包含两部分：首先是语言符号。它等同于索绪尔对语言符号的界定，这种符号是"发声的"（概念和音响形象的联结）。这也是语言学界无论是早期的萨皮尔，还是韩礼德、乔姆斯基都曾试图定义的。[①] 其次是非语言符号。它具有语言学系统特质，但区别于语言符号（它们之间的关系是并列关系）。这些符号不一定具有"音响形象"，都含有一个系统（有两项关系项）。如服装、饮食、广告、汽车、交通信号、数学公式等。巴尔特引用圣·奥古斯丁的话阐明：符号（以类似于信号、指号、肖像、象征或记号、譬喻表征等）必然归结为两个关系项中的一种关系。正如其他符号学家（如格雷马斯）所认同的那样，符号有意义必定在于组合段的区分以及若干关系项。巴尔特在论及符号意义时指出，符号意义改变，必须依赖其他特点。他进而列举了五种形式：第一，此关系项含有或不含有关系项之一的心理表象；第二，此关系在两个关系项之间包含或不包含一种相似性；第三，两个关系项（刺激或其反应）之间的联系是直接的或间接的；第四，两个关系项是相互紧密相符还是截然相反——一个超过了另一个；第五，此关系项包含或不包含与使用者之间的一种存在性的关联。[②] 因此，符号只有与另一符号对立才有意义。如果说在语言符号层面，意义的产生是由词素（morpheme）的不同组合确定，那么在非语言符号层面，则是由各符号素（如服装的质料、长短，饮食的味素组配）按照一定的规则组合而确定的。任何符号至少包含三种关系：象征关系（symbolic relation）、聚合关系（paradigmatic relation）和组合关系（syntactic relation）。第一种关系是内部关系，将能指与所

---

① Sapir 的定义是"voluntarily"（有关人体活动"随意的"），Hall 的定义是"oral-auditory"（听说关系的），Chomsky 的定义是"a set (finite or infinite) of sentences"（一组有限或无限的句子）。他们之间的共性是认为语言符号是任意的、发声的、人类用来交流的。—See Dai, Weidong & He, Zhaoxiong. *A New Concise On Linguistics For Students of English*, Shanghai: Shanghai Foreign Language Teaching Press, 2002, p.8.

② Barthes, R. *Elements of semiology*, translated by Annette Lavers & Colin Smith, New York: Hill & Wang, 1977, pp.35-36.

指结合在一起（如初始符号十字架象征基督）；第二种和第三种是外部关系。在聚合关系层面，将符号与其他符号以一种特定的组合方式结合在一起，它是一种有组织的形式储备或"记忆"的存在性，而符号可以操纵意义变化，哪怕是最小的差异都可与之区分开来（如交通灯红色禁行与绿色通行的变化）。而在组合关系平面，符号不再参照其（潜在的）"兄弟"来定位，而是参照其"邻居"（如服装中的针织衫与格子裙的结合）。①

由此看来，巴尔特对于符号的界定以及符号意义的确定在认识上有以下几个特点：第一，他借助于索绪尔结构语言学的方法，对语言符号以外的符号结构进行了初次探索（区别于艾柯和皮尔斯、莫里斯等人的方法论）；第二，他对符号的认识体现了一种层级感，从初始记号到语言符号再到非语言符号以及本章即将要讨论的文本，既有共性又有区别，是一种递进的线性关系；第三，他对符号及其意义的追寻，体现了一种较为成熟的"观念"，为符号学学科的确立及结构主义的研究目的确立了方向。巴尔特在《有关符号的想象》一文中写道：

> 符号不仅仅是一种抽象特别的意义集合，也是一种有关幻觉的对象，类似于西皮翁梦境中对星球的幻觉，或者还接近于化学家们使用的分子表象。符号学家观测符号在意指场里的活动，关注计算意指的各种联系，画出他们的外形。在他看来，符号是一种敏感的观念。②

## 二、符号系统的初步建构

众所周知，索绪尔对语言符号进行了四对区分：语言与言语、能指与所指、历时与共识、组合与聚合，并强调语言符号的第一性是任意性。基于符号间存在

---

① Barthes, R. *Critical Essays*, translated by Richard Howward, Evanston: Northwestern University Press, 2000, pp.205-206.

② Barthes, R. *The Imagination of Sign,* from *Critical Essays,* translated by Richard Howward, Evanston: Northwestern University Press, 2000, p.209.

的"类比关系（analogy）"或曰"同构关系（homology）"，巴尔特在索绪尔建构的语言系统基础上建构了一种符号学系统，这是呼应索绪尔在《普通语言学》里的设想。不过符号学系统的构建不是他最终的目的，它只是一种分析方法和手段，是一种"历险（adventure）"。巴尔特无意成为一个符号学家（虽然后人以这个身份称呼他），正如他在 1974 年在意大利米兰召开的第一届国际符号学大会（IASS）上所说：

> 对我来说，符号学不是一种事业；它也不是一种学科或学派或我能认同的运动（它只不过是一个代号：任何情况下都可能随时被撤销的代号）。[①]

和艾柯的定义一样，巴尔特把符号学看作一门研究记号的学科。而符号学"实际上只可能对语言学知识的模仿"[②]，其目的是"按照一切结构主义活动的方案（其目的是在仔细观测下建立一种研究对象的模拟物），重构一种除语言结构之外的意指系统的功能"[③]。巴尔特划分了符号系统的四对关系项：语言与言语、能指与所指、组合与聚合、直指与涵指。

## （一）语言与言语

索绪尔区分"语言（langue）"与"言语（parole）"，认为总体语言（language）是由"语言"与"言语"构成。"语言"是抽象的社会性的制度系统，也是一种值项（values）系统。而"言语"则是个体性的选择和实现行为。这两者的关系是辩证的。巴尔特直言："没有'言语'就没有'语言'，没有'语言'也就没

---

① Barthes, R. *The Semiotic Challenge*, translated by Richard Howard, New York: Hill & Wang, 1988, p.4.

② Barthes, R. *Elements of semiology*, translated by Annette Lavers & Colin Smith, New York: Hill & Wang, 1977, p.11.

③ Barthes, R. *Elements of semiology*, translated by Annette Lavers & Colin Smith, New York: Hill & Wang, 1977, pp.35-36.

有'言语'。"[1] 而语言学最基本的区分就在这里，因为这里是意义确立之过程，必然也是符号学研究的要义。那么，巴尔特的符号学对这组概念有何发展呢？这里，要谈到起过渡作用的叶尔姆斯列夫。作为丹麦哥本哈根学派的代表人物，其"语符学（glossemantics）"理论也是直接承继索绪尔的结构主义语言学。不过在"语言"与"言语"的区分上，叶尔姆斯列夫进了一步，他把总体语言区分为三个层次：图式层（schema）（此层等同于索绪尔的"语言"）、规范层（norm）（作为质料形式的语言，它已为某种社会现实所规定，但仍独立于其显现的细节之外）以及用法层（usage）（此层对应某一社会习俗的集合的语言），这三个层次相互制约。规范制约用法与言语；用法制约着言语，但也为后者所制约；图式被言语、用法和规范同时制约。巴尔特把叶尔姆斯列夫的层次归纳为两个层次：第一层为图式层，第二层为规范—用法—言语层。第一层对应有关理论与形式和制度的理论相结合；第二层的理论与有关内质（substance）和实行的理论结合在一起。其结构关系可简化为图式层和用法层。在研究非语言符号系统之后，巴尔特认为，非语言符号系统包含三个层：质料层（matter）、总体语言层（language）（区别于"langue"）和运用层（usage）。然而不同的是，巴尔特的前两层对应的是索绪尔的"语言"层，不过这中间的关系是嵌套关系（即意指系统模式，本章第四节将会讨论到），在第一系统中，质料为"语言"层，总体语言对应"言语"层；在第二系统中，第一系统对应第二系统中的"语言"层。我们可以通过表格来对比索绪尔语言系统、叶尔姆斯列夫语符系统、巴尔特符号系统之间的第一个二元结构：

---

① Barthes, R. *Elements of semiology*, translated by Annette Lavers & Colin Smith, New York: Hill & Wang, 1977, p.15.

表1.1　符号系统与语言系统对比图

| | | 第一层 | 第二层 |
|---|---|---|---|
| 索绪尔 | | 语　言 | 言　语 |
| 叶尔姆斯列夫 | | 图　式 | 规范—用法—言语 |
| | | | 用　法 |
| 巴尔特 | 第一层 | 第二层 | 次二层 |
| | 质　料 | 总体语言 | 运　用 |

与索绪尔语言系统相比，巴尔特符号学系统有两个问题需要提出，第一个问题是：非语言符号是不是和语言符号一样是任意性的呢？对此，巴尔特认为，"必须承认那些'有声的'，即属于语言的组合段及其通过替换部分要素能产生意义改变的实事存在……大多数符号结构中的记号确实是任意的，因为它是通过某一方面的决定以一种人为的方式造成的"[①]。第二个问题是：言语的研究有没有意义？在索绪尔看来，抽象出来的"语言"才是语言学家的研究对象，而个体"言语"太过复杂，不是研究的主要对象。对此，巴尔特认为个体"言语"是重要的，他认为，个体"言语"有助于表示以下现象：①失语症患者的语言；②作家的"风格"（符号学建构的部分意义在于此）；③用来表述类似"写作（writing）"的概念，即用同一方式作语言学陈述的语言社区的语言。

## （二）能指与所指

索绪尔认为，语言符号是由一个能指（signifier）和所指（signified）构成，就像一页纸的正反两面。能指对应表达面，所指对应内容面。叶尔姆斯列夫发展了这一区分，即认为每一层面都包含"形式（form）"与"内质（substance）"两方面。在巴尔特看来，这种区分对非语言符号系统的构建非常重要，不过应该

---

① Barthes, R. *Elements of semiology*, translated by Annette Lavers & Colin Smith, New York: Hill & Wang, 1977, pp.20-32.

重新定义。他认为，"形式可按语言学的方法加以完全地、简明扼要地和连续地描述（符号认识论准则），无须依赖任何语言学以外的前提；而内质则是一些语言现象特点的总和，（它）必须依赖于语言学以外的前提才能对它进行描述"[1]。巴尔特进一步认为，其实每一个层面都含有一个表达面和内容面。因此，存在四组概念：表达之形式（由组合规则和聚合规则构成）、表达之内质（如属于语音学而非音位学的发音）、内容之形式（诸所指之间的形式组合）、内容之内质（传递的文外信息，如意识形态、情绪等）。

我们看到，巴尔特符号系统与索绪尔语言系统在一、二元结构的区别是：两者的内质不同。对此，巴尔特举了一个例子。如交通信号系统中，能指为红色/绿色，所指为停/行。但内质可以不同。能指的颜色可以表征不同含义，如红色表征忠诚，绿色表征环保等；所指的停/行可以表征为禁止/允许。对此，巴尔特直言：

> 大多数符号学系统（物品、姿势、形象）都具有一种本来不介入意指作用的表达内质，而我们这个社会往往把一些生活物品用于意指目的，如衣服本来是用于御寒，食物用来充饥，但也可以被用来意指某事。[2]

不难看出，在符号系统中，能指与所指的关系是一种"双重运动"。这就是区别于纯语言系统的一个重要方面，即意指作用。巴尔特宣称，这种"功能—符号（function-sign）"双重运动需要一种第二语言（a second language）的存在，它与最初的功能化作用不同，它必须符合第二语义学机制（second semantic institution）。在上面例子当中，衣服用来御寒，但衣服的材质、设计、搭配可以指征一种身份，而这种指征规则也是语言社区所约定俗成的（如明、清朝代，黄色意指皇权，只有皇族才能穿黄色衣服，除非皇上御赐，处在此语言社区的人都

---

[1]　Barthes, R. *Elements of semiology*, translated by Annette Lavers & Colin Smith, New York: Hill & Wang, 1977, p.40.

[2]　Barthes, R. *Elements of semiology*, translated by Annette Lavers & Colin Smith, New York: Hill & Wang, 1977, p.41.

熟悉此第二语义学机制）。

必须指出，索绪尔的"所指"概念并非是实在物体，而是一个"心理表象"。如"牛"的所指不是某个具体的牛，而是一个心理形象（这是语言符号任意性的基础）。巴尔特却认为，所指类似于斯多葛派区分的"心理表象(mental representation)、实在物体（real thing）以及可言（utterable）"中的"可言物"。在符号系统中，能指与所指在功能和语言系统上没有什么区别，不过存在一种同态（isology）现象。所谓同态现象是指"'语言'以不可察觉和不可分割的方式将其能指与所指'胶合'在一起的现象"①。如上面例子中，黄袍意指权贵，那么此时所指不只以其服装的能指（黄袍）为中介，同时也以一个言语片段为中介。那么，如何对所指加以分类呢？巴尔特的做法是"应当设法重新建立所指的对立系列，并从其内的每一种对立引申出一种适切的'可对比替换的（commutable）'的特征来"②。很明显，其实巴尔特是想把对所指的研究归为语义学（语义成分分析）研究的范畴。但由于语义学尚未被建立，③所以初步尝试提出三点关于所指分类学的建议：

> 第一点与符号学所指的实现方式相关，符号学所指可以以同构或不同构的方式呈现；第二点与符号学外延相关，一个系统的整体所指（一旦被形式化了之后）形成了一个重要功能，然而，在不同的系统中，或

---

① Barthes, R. *Elements of semiology*, translated by Annette Lavers & Colin Smith, New York: Hill& Wang, 1977, p.43.

② Barthes, R. *Elements of semiology*, translated by Annette Lavers & Colin Smith, New York: Hill & Wang, 1977, p.44.

③ 叶尔姆斯列夫、索伦森、普利托、格雷马斯等人曾试图尝试做语义分析，不过较为成熟和完善的语义学理论直到1963卡兹（Katz）发表他的《一种语义学理论的结构》和1972年杰肯道夫（Jackendoff）发表的《生成语法的语义学权势》之后才逐渐走向体系。他们的著作明显晚于巴尔特符号学建构的时候，因此，巴尔特当时觉得语义学还未真正建立。See Katz,J.J & Fodor, J.A, *The Structure of a Semantic Theory*. Published in *Language*,1963(39), pp.170-210. Jackendoff, R. *Semantic Interpretation in Generative Grammar*, Cambridge, MA: MIT Press, 1972.

许这些功能不仅仅只是彼此融汇相交，而且还局部重叠；第三点是，在能指的平面上整体活动和方法都与每一能指系统（词汇）相对应。①

能指是一个关系项，它必须和所指对立才能取得意义。然而，能指和所指不同，能指必须有一个中介物或曰一种"质料（matter）"。巴尔特指出："符号学中的种种混合的系统是由各种不同的质料构成（声音和形象，物品和书写物等）。"②不过，符号学系统较为复杂的是，所指也有可能表现为一种物质，如字词的成分。能指的分类就是系统的结构化过程，"它的目的是借助对比替换法（commutation）把信息'无限地'切分成最小意义单元（此信息是从研究对象中产生的各类信息之和），并将这些单元组成聚合类以及把连结这些单元的组合关系加以分类"③。

不难看出，巴尔特把符号系统中的符号化看成一种能指与所指联结成一体的行为。然而，这并不能穷尽符号的全部意义，因为符号系统受到外部语境的制约。索绪尔曾经把语言符号比作一张纸，每张纸都有正反两面。如果把这张纸进行切分，得到的若干子项又同时获得新的正反两面。这种切分是重要的，因为这展示了符号意义的区分性特征。在切分的过程中（两个不定形物的同时切分），符号成为了分节项（articuli），意义得以展现出来。巴尔特说，意义是"两种混乱状态之间的一种秩序，而这个秩序同时也基本上是一个区分：总体语言是声音和思想之间的中介物，他（它）通过把二者分解的方式同时来把他们结合起来"④。如此看来，语言是分节作用领域的，而意义则首先是切分单元（cutting-out of shapes）。巴尔特把这种符号过程称作"意指（signification）"，目的就是厘

---

① Barthes, R. *Elements of semiology*, translated by Annette Lavers & Colin Smith, New York: Hill & Wang, 1977, pp.45-46.

② Barthes, R. *Elements of semiology*, translated by Annette Lavers & Colin Smith, New York: Hill & Wang, 1977, p.47.

③ Barthes, R. *Elements of semiology*, translated by Annette Lavers & Colin Smith, New York: Hill & Wang, 1977, p.48.

④ Barthes, R. *Elements of semiology*, translated by Annette Lavers & Colin Smith, New York: Hill & Wang, 1977, pp.56-57.

清意义的产生机制（在此处为切分机制），因此，符号学的任务是要找出人类实际经验中的分节方式。如果我们把这种切分称作意指作用，那么意义的另一个决定项则是价值（value）。"价值"相当于经济学中的劳动和工资的关系，如我用10元买一个面包，10元与面包为等价关系，但这个10元是在货币体系中与20元、50元、100元相互关联存在的。一个环节的改变必定导致若干环节的改变。因此，符号的意义包含两部分：意指作用与价值。巴尔特指出："意义只能由于意指关系和价值的双重制约方可确定。"①

巴尔特符号系统中能指与所指的关系比索绪尔语言系统中能指与所指关系更加复杂。这主要是因为符号系统是一个包含语言系统的嵌套系统，两个系统相互关联、相互作用。符号系统应当考虑其"环境（settings）"，从而把握其意义及意义的产生机制。

### （三）组合与聚合

索绪尔把联结语言学各词项的关系分为两个平面：组合段与聚合段。② 组合段具有延展性，而且是直线型、不可逆的。组合段相当于一条线性关系的言语链，各词项以先后出现的关系联结在一起。而聚合段按照索绪尔的话就是"在话语（组合段平面）之外，彼此具有某些相同性质的单元在人的记忆中联系起来，并形成了由各种关系支配的集合"③。由于人类语言是双重分节的（音素分节与语素分节），在聚合段层面上，它的"具有相同性质的"对比项也由两方面构成，即声音上与意义上的关系项。如"education"与"educate"、"educator"、"application"在声音上对立，而"upbring"与"training"则在意义上联想。各词项是以不在式（in

---

① Barthes, R. *Elements of semiology*, translated by Annette Lavers & Colin Smith, New York: Hill & Wang, 1977, p.55.

② 国内倾向于翻译为"句段"、"联想"，如高名凯译本。但考虑到在巴尔特符号系统中，组合段规则不仅仅指句法规则，而且"组合"比"句段"表意性强，本文译作"组合"与"聚合"。

③ Saussure, F. de. *Course in General Linguistics*, Beijing: Foreign Language Teaching and Research Press, 2001, p.170.

absentia）联结。索绪尔曾举出建筑学的例子加以说明：圆柱与柱基是组合关系，而"多利安式"的圆柱与"艾奥尼亚式"圆柱、"考林辛式"圆柱则是联想关系。事实上，索绪尔举的例子能够说明非语言符号也一样存在组合与聚合（联想）关系。① 为了把这对概念运用到非语言符号系统（尤其是文学文本）中，巴尔特把这两个术语称为"组合面（syntagm）"与"系统面（system）"，② 类似于雅各布森的"转喻（metonymy）"与"隐喻（metaphor）"这对概念。③ 巴尔特认为，新闻报道、民间故事属于转喻，而主题性文学批评、格言式的话语都属于隐喻。在他看来，由于分析家们进行分析的元语言是隐喻的，与隐喻对象构成同构，所以隐喻类文学相当丰富，而转喻类则几乎不存在，这也是他呼吁建立一种组合段文学分析方法（叙事学）的初衷。巴尔特论证了建立在转喻基础上的文学分析方法（符号学分析）的可行性。

在语言系统中，组合段是连续性的（流动的、连接的）。但是，在符号系统中，存在着明显非连续性的简单记号系统，如道路信号系统等。这对组合段的切分造成了难度。然而，切分是必须的。切分为系统提供聚合单元。巴尔特因此认为组合段"由一种应该予以切分的内在物质所构成"④。以言语形式呈现的组合段，则属于"无限文本"，无限文本要获得意义，则要进行对比替换检验法。对于语

---

① See Saussure, F. de. *Course in General Linguistics*, Beijing: Foreign Language Teaching and Research Press, 2001, pp.121–125.

② 这两个术语在叶尔姆斯列夫、雅各布森、马丁内那儿有不同的称呼，但意义几乎一样。组合面叶氏称为"relations"，雅各布森称为"contiguities"，马丁内称为"contrasts"；聚合面叶氏称为"correlations"，雅各布森称为"similarities"，马丁内称为"oppositions"。

③ 雅各布森是首次将这对概念运用到非语言符号系统中。转喻对应组合段，隐喻对应聚合段。在他看来，英雄史诗、现实主义流派的小说、格里菲斯的电影镜头等属于换喻；而俄国抒情诗、浪漫主义和象征主义的作品、超现实主义绘画、卓别林的电影、弗洛伊德的梦境象征等则属于隐喻。详见 Jacobsen, R. *Deux aspects du language et deux types d' aphasie*, in *Temps Modernes*, No. 188, Jan. 1962, pp.853 ff.'"

④ Barthes, R. *Elements of semiology*, translated by Annette Lavers & Colin Smith, New York: Hill & Wang, 1977, pp.64-65.

言系统来讲，可通过替换词素和音素来引起意义的变化，然而符号系统却要复杂得多，因为在符号学中很难为每一个符号系统预设组合单元。对此，巴尔特提出要考虑三个问题：第一，区分复合组合段，找出中介；第二，找出此系统的质料（matter），确定组合单元的支撑（support）和变体（如裙子为支撑，长、短为变体，形成新的组合）；第三，区分"不规则"系统，即那些僵死（dead）的组合段。[①]

但必须指出，组合段规则并不一定只指句法。在语言系统中，词由词素构成，句子由单词构成。在符号学系统中，如服装由布料与零件构成等一样，就是按照一定的组合规则构成的，但这区别于句法的地方在于符号的构成并不只在句法层面。符号的组合具有自由性，严格地说，是一种受监督的自由。在组合段关系建立时，叶尔姆斯列夫归就曾纳出三种组合段关系：互联依从关系（interdependence）、确定关系（determination）以及连组关系（constellation）。[②]

聚合面（系统）为第二轴，索绪尔称为"联想场"（声音相似或意义相似，如"education"的例子）。那么在符号系统里面又是怎样的呢？根据巴尔特的观点，找出符号系统聚合面的分类，关键是要明确"对立中的相似因素"。为此，巴尔特采用康提纽的分类法[③]，提出三种划分对立关系的方法：第一，按其与系统全体的关系划分（可精分为双边对立与多边对立、相应对立与单独对立）；第二，按诸对立词项之间的关系划分（可精分为否定性对立与等价性对立）；第三，按区分性值项的范围划分（可精分为经常性对立与中性化对立）。这种对立类型的划分将为符号学系统研究提供充分的材料。巴尔特更强调精分的重要意义：

---

① Barthes, R. *Elements of semiology*, translated by Annette Lavers & Colin Smith, New York: Hill & Wang, 1977, pp.68-69.

② [丹]路易斯·叶尔姆斯列夫：《叶尔姆斯列夫语符学文集》，程琪龙译，长沙：湖南教育出版社 2005 年版，第 154—155 页。

③ 巴尔特此处援引索绪尔的话表明此分类法的优点是"可以使我们注意到由对立的结构所提出的一些主要问题"。参见 Barthes, R. *Elements of semiology*, translated by Annette Lavers & Colin Smith, New York: Hill & Wang, 1977, p.75. 和 F. de. Saussure: *Course in General Linguistics*, Beijing: Foreign Language Teaching and Research Press, 2001, pp.121-125.

严格意义上的符号学，是一门涉及一些记号系统的科学，它应该关注各系统内对立类型的一般分布规律，如果只局限于语言内，这样的研究则难免流于空疏。[①]

### （四）直指与涵指

最后，巴尔特区分了符号系统的直指（denotation）与涵指(connotation)。这对二元结构是巴尔特符号学系统中最重要的一环（我们注意到，索绪尔并没有做出这对区分）。如果把索绪尔的能指和所指概念用叶尔姆斯列夫的术语表示出来，则如图 1.1 所示。

$$E \rightarrow R \leftarrow C$$

**图 1.1　叶尔姆斯列夫意指关系图**

在图 1.1 中，"E"为表达面（能指），"C"为内容面（所指），两者之间的结合则成为关系（R）。因此，叶尔姆斯列夫的"R"则是符号化过程，或曰意指关系。巴尔特认为，在符号系统里面，存在两个或两个以上的系统，它们之间是嵌套关系，和乔姆斯基生成句法一样，系统也具有延展性、生成性的特征。假如我们用 ERC 来表示初始系统，那么在次级系统中，ERC 则成为了次级系统中的表达面 R（能指），如图 1.2 所示。

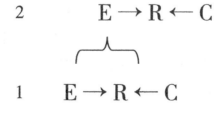

**图 1.2　巴尔特涵指系统模式**

---

① Barthes, R. *Elements of semiology*, translated by Annette Lavers & Colin Smith, New York: Hill & Wang, 1977, p.80.

巴尔特把初始系统看成直指平面，次级系统看作涵指平面，也就是说，"一个被涵指的系统就是一个表达面（能指）由一个初级意指系统构成的系统"①。很显然，这个涵指系统是一个复合系统。它的子系统则由分节语言构成（文学就是这种情况）。然而，还有一种情况是区别于涵指系统的，即 ERC 不是成为次级系统的表达面，而是成为内容面（所指），那这种情况又不一样了。巴尔特把这种系统称为元语言系统（metalinguistic system）。一个元语言系统的内容面是由一个初级意指系统构成的。如图 1.3 所示。

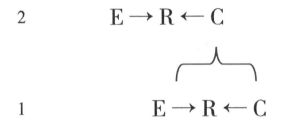

**图 1.3　巴尔特元语言系统模式**

我们看到，在巴尔特的涵指系统里面，初级系统 ERC 本身是由能指和所指构成，却总体构成次级系统里的能指。巴尔特把第一层 ERC 称为涵指项（connotators），而这个涵指项与第二层 ERC（尚未命名）并不在数量上或篇幅上对等，也就是说，第一层 ERC（即涵指项）可具有多重选择，如意指爱情可以是一首诗、一幅画或一朵玫瑰。而第二层级的所指则与外界相联系，如文化、环境、历史等。概括地说，如果在文学文本这个符号系统里，初级系统的形式是修辞学的话，那么次级系统里的所指则是整个意识形态。

有必要指出的是，巴尔特认为符号学系统是一种元语言系统，即符号学研究的是能意指次级系统所指的初级系统之组合构成。用巴尔特的话说则是符号学"把作为被研究的系统的第一语言（或对象语言）当成第二系统，而这个对象系统是

---

① Barthes, R. *Elements of semiology*, translated by Annette Lavers & Colin Smith, New York: Hill & Wang, 1977, pp.89-90.

通过符号学的元语言被意指的"[1]，即实在系统 ERC 构成直指系统的所指；直指系统构成涵指系统的能指，如图 1.4 所示。

| 3. 涵指系统 | 能指：修辞学 | | 所指：意识形态 |
|---|---|---|---|
| 2. 直指系统 | 能指 | 所指 | |
| 1. 实在系统 | | 能指 | 所指 |

**图 1.4　巴尔特复合符号系统关系模式图**

新的元语言的产生使历史不断更新，也使历史失去客观性，因为我们总是用新的元语言来说着过去的事（即使元语言是多模态的现代符号，如音频、视频也不例外），并不总能还原其场景。

至此，巴尔特符号学体系初步建构起来。诚然，他的符号学系统只是对索绪尔语言系统的一种模仿，只不过是符号学历史上的一种开端和尝试。相比 20 世纪后半叶许多新的、更精密的、更具操作性的符号学模型，有人可能要指责巴尔特的符号学模式显得有些苍白。然而必须承认，巴尔特的尝试是有益的，也是法国作为反传统实证主义的结构主义思潮的一面旗帜。符号学模型的构建不仅可以用来分析非语言符号的意指系统，也为文学文本研究开辟了崭新的道路。

## 第三节　文化中的符号与符号的文化性

在论及文化中的符号与符号的文化性时，我们以一个有趣的翻译争论为例来进行探讨。近日，有媒体报道，中央民族大学在官网发布更改其英译校名为"Minzu

①　Barthes, R. *Elements of semiology*, translated by Annette Lavers & Colin Smith, New York: Hill & Wang, 1977, p.92.

University of China"①（此前译为 Central University for Nationalities），贵州民族大学也进而效仿，将校名译为"Minzu University of Guizhou"，引发网络大讨论。《新京报》援引贵州民族大学校方给出的"说法"认为，中央民族大学校名的改译"更准确更自信"②。然而，此举却遭到了学者和网友"一边倒"的批评。西南民族大学外国语学院焦鹏帅于 2012 年 7 月 23 日在光明网撰文指出，"这种译法是译者或管理者一厢情愿，向译语公众强势灌输'异质性'话语的行为。强以音译来翻译译语本来就有的事物，违背了翻译作为一种跨文化交际，用最少的认知成本让公众获取最大信息量的目的和作用，只会达到'译犹未译'的效果"③。和广大网友一样，焦鹏帅以"徒增笑耳"讥讽之。《新文化报》刊登了王传涛题为《民族译"Minzu"是另一个"Xiaoshenyang"》的文章，呼吁国家语言文字工作委员会对其进行规范。④ 与此同时，《长江商报》也刊发了署名为龙敏飞的文章，文章直呼"别拿汉语拼音当民族信心"，"就是把'中央民族大学'英译成'zhongyang minzu daxue'，也与国家信心无关，只会让人看到又一可供调侃的笑料"⑤。面对如此多的质疑，贵州民族大学给出了更改理由：一是这属于当今中国的一个趋势。由于中国的崛起和强大，很多大学和大企业都在自己的英语名称里加入中国元素；二是用"Nationality"概念比较含混。《牛津高阶英汉双解词典》对"Nationality"的解释是：（构成国家一部分的）民族群体，而中国的民族大学，毫无疑问应该是包含汉族在内的全体中华民族的大学。⑥ 但是，这种说法并没有得到网民的认可。无独有偶，中南大学将校名采用诠释法英译为"Central South University of China"之后也同样遭到网友的讥讽（因为其缩写"CS"与一种反恐

---

① 参见中央民族大学官网 http://www.muc.edu.cn/About/2.html。

② 申志民，付饶：《中央民大校名英译引争议》，载《新京报》2012 年版第 7 期。

③ 焦鹏帅：《"民族"译"Minzu"是自信，还是不自信？》，http://culture.gmw.cn/2012-07/23/content_4616957.htm，2012 年 7 月 23 日。

④ 王传涛：《民族译"Minzu"是另一个"Xiaoshenyang"》，载《新文化报》2012 年 7 月 23 日。

⑤ 龙敏飞：《别拿汉语拼音当民族信心》，载《长江商报》2012 年 7 月 23 日。

⑥ 参见 http://news.163.com/12/0722/03/8705255M00014AED.html。

电脑游戏名字相同，中南大学因此被网友们称为"反恐大学"）。对此，笔者认为，中央民族大学更改英译校名的做法并无不妥。对此翻译抱有微词的人显然没有从文化符号传播的角度以及翻译的本质、目的、过程、效果等方面进行考察，是外行人的看法。对中央民族大学改译校名的做法的横加指责是欠专业的、有失公允的。

要弄清楚这个问题，有必要首先弄清楚翻译的总体，即翻译的本质、目的、过程、效果。翻译是一项对语言进行操作的工作，即用一种语言的文本（text）来代替另一种语言文本的过程。[①] 其目的是达到目的语受众者的可理解性。在这个过程中，有必要保持源语言产物的内容，或曰意义，这是在文本翻译时应恪守的规范。奈达也曾指出，"翻译首先是意义的对等，其次才是风格上的对等"[②]。然而，在翻译名称术语的时候，我们不可能切割其整体性，分裂它的符号属性，把每一个名称术语切分成若干个意义单元来传达。从传播学角度来讲，这种做法不但操作起来十分困难，而且其效果乏善可陈。雅各布森曾把翻译分为符际翻译、语际翻译和语内翻译。但如果我们仔细考察翻译的全过程会发现，其实这三者之间是交叉的。符际翻译也含有语际翻译（按巴尔特的观点），同样，语际翻译也包含符际转码，语内翻译更包含符号的诠释。翻译在更大程度上是一种文化的信息传播，必须把翻译过程视为一种传播过程并纳入传播学的框架。[③] 所谓传播，是指一个系统（信源）通过操作可选择的符号去影响另一个系统（信宿），这些符号能够通过连接它们的信道得到传播，以达到一种信息的交流和共享。[④] 在单一的文化或语言信息内传播，是信息从信源转化成编码通过信道转换成信号，信号再转换成译码最终到达信宿的过程。所以，信源到信宿的过程是经过信息的编码与解码的。由于翻译涉及跨文化传播，这一过程就更为复杂。我们可以用图 1.5 来表示这一过程。

<hr>

① Catford, J. C. *A linguistic Theory of Translation*, Oxford: Oxford University Press, 1965, p.20.

② Nida, E. A. & Taber, C. R. *The Theory and Practice of Translation*, Leidon: Ej Brill, 1982, p.12.

③ 吕俊：《英汉翻译教程》，上海：上海外语教育出版社 2001 年版，第 2 页。

④ 吕俊：《英汉翻译教程》，上海：上海外语教育出版社 2001 年版，第 2 页。

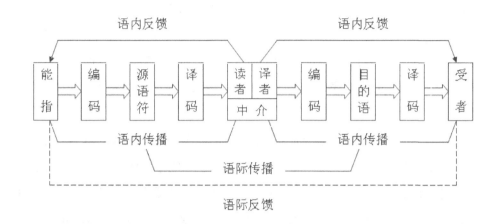

**图 1.5　传播学视角下的翻译过程**

在图 1.5 中，我们可以清晰地看到翻译的传播过程。它具有两个阶段，在源语言和目的语之间通过"中介"（翻译）这座桥梁进行连接。而在两个阶段中都涉及语内反馈与语内传播。必须指出，在翻译过程中，存在中介（译者）归属问题，而中介归属又决定文化迹点的保持。假如中介属于源语言背景下，那么它对于源语言文化信息的保留负有直接责任。如果中介属于目的语背景下，那么它对受者文化信息的接受具有决定作用。为了区分这一过程，我们把这两者中介分别用"外介"和"引介"来表示，前者指把自己母语和母文化转换成其他语言和译码的译介者（如翻译者是汉语背景下，把汉语和中国文化翻译成其他语言），后者指把其他文化和语言转码为母语的译介者（如翻译者是汉语背景下，把英语和英语国家文化翻译成汉语）。从一种文化传播到另一种文化，毫无疑问，引介比外介效果要好得多。比如，在英语背景下译者将中国的"功夫"译为"gongfu"、把"香港"译成"Hongkong"（根据广东话读音）。同样的词还有"Yin Yang（阴阳）"、"Taijiquan（太极拳）"、"Tsim sha Tsui（尖沙咀，依据广东话读音）"等。这些名称是引介者所译，包含的文化迹点为最大化。同样，汉语背景下的引介者也创造了许多新词，从鲁迅先生开始[1]，引介的外来词名称术语有很多，比如"马拉松（marathon）"、"比基尼（bikini）"等。纵观翻译史，严复等最早一批传播西方资产阶级思想的译者在翻译时主要使用引介。然而在新形势下，在国家实施"中国文化"走出去的战略之下，外介逐渐会成为新时期翻译的主流。目前，中央民族大学校名的改译正是在"语内反馈"这一阶段受到了质疑。那么，在受者尚未从中介那里获得编码信息之前，为什么在源语言的语内传播和语内反馈这一阶段会不被接受呢？原因有二：第一，源语言语内传播者一般具有目的语的理解能力（质疑的人基本懂一点英文），并认为编码过后的信息不对等（他们觉得"民族"不能解码为"Minzu"）；第二，源语言语内传播者担忧文化信息的丧失（如前文提到的焦鹏帅认为，中央民族大学是"党和国家为解决中国民族问题、培养少数民族干部和高级专门人才而创建的高等学校"，其主要科研方向是"国家的民族问题与民族理论、少数民族发展与民族政策、边疆安全与稳定等重大问题"，遂不能丧失此文化含义）。[2] 然而，当我们冷静下来考察翻译过程就会发现，这些担忧完全是多余的。关于"民族"与"Minzu"符码信息不对等的问题，我们在接下来一节会仔细谈到。我们现在先谈谈"文化信息丧失"的问题。为了弄清楚文化信息丧失的问题，我们有必要弄清楚文化信息传播的语际反馈。当受者接触到经中介传播的源语言译码时，有两种情况：第一，受者完全了解源语言背景并熟悉能指符号的所指；第二，译码带有模糊性进而通过逆向寻找获得能指的所指。那么，当译码带有模糊性的时候，是不是证明文化信息传播的失败呢？答案显然是否定的。文化信息传播的成功与否取决于源文化的传播价值。如果源文化有足够吸引力，受者可能千方百计地去寻找符号的所指，译码的模糊性反而加深了受者的印象，进而多一种了解源文化的途径。越清晰的译码反而容易丧失文化的独特性。目前中央民族大学校名的改译主要来自翻译批评学对道德的批判。

---

[1]　鲁迅曾倡导用外来词增加汉语的丰富性，他的著名文章《论费厄泼赖应该缓行》中的"费厄泼赖"就是"fair play"的音译。

[2]　焦鹏帅：《"民族"译"Minzu"是自信，还是不自信？》，http://culture.gmw.cn/2012-07/23/content_4616957.htm，2012 年 7 月 23 日。

然而，名称术语的翻译不同于文学语篇，其选词和译法更多应关注技术层面，而非道德层面。当我们谈论翻译的效果时，应该辩证地看到语内反馈与语际反馈两方面。中央民族大学校名的改译尚未遭到目的语受者的批评，因为源语言的语内反馈没有讨论技术层面而掀起道德批评，是不是失之偏颇呢？

名称，即对一切事物给定的标签，以便区分不同事物、同一事物的不同个体，分为人名和事物名称。毫无疑问，它是一种文化符号。文化是一种符号建构，文化与符号之间紧密相连，符号是文化最基本和最原始的构成物。文化总表现为各种各样的符号，符号之外没有文化，任何文化都是人类运用符号创造的奇迹。正如文化人类学家怀特所说："全部文化或文明都依赖于符号。正是使用符号的能力使文化得以产生，也正是对符号的运用使文化延续成为可能。没有符号就不会有文化，人也只能是一种动物，而不是人类。"[1] 名称作为一种文化符号有两重概念：首先，名称是语言符号，是约定俗成的能指单位。名称具有符号的所有特性，它从属于广义符号；其次，名称是文化符号，它的整体性不可分割，名称是文化的信息载体，它的所指是开放的、多元的。大千世界，事物以符号形式存在。名称区别于句子，因为名称作为符号是被区分的、被隔离的和被封闭的个体，它们是真正的单子，其中每一个在自身的圈子里，在其存在中都包含者一个能指和所指，这就是意指关系（signification）。[2] 而句子和文本却不是自身封闭的记号，不是沿着言语链上各名称的总和。要素和系统不可分割，整体大于各独立部分之和。[3] 这是我们区分名称术语翻译与句子文本翻译的理论基础。专有名词是自然语言中唯一一个只要达成共识，说话人就可以根据自己的意愿对它加以变化和调整的特殊范畴。[4] 比如南京市中山南路在解放前被命名为"中正路"，这两个能

① [美]海登·怀特：《文化的科学》，沈原等译，济南：山东人民出版社1988年版，第33页。

② Barthes, R. *Elements of Semiology*, translated by Annette Lavers & Colin Smith, New York: Hill & Wang, 1977, p.48.

③ [美]贝塔朗菲：《一般系统论》，林康义译，北京：清华大学出版社1987年版，第51页。

④ 康澄：《名称透视下的神话意识及其文化表征与类型》，载《解放军外国语学院学报》2010年第6期，第122页。

指指向同一所指。名称符号和其他符号一样都包含一个表达层和内容层，符号形式的稳固在于约定俗成。所以，"中央民族大学"作为一个文化符号，它的译码如果被接受，即使是译成"Zhongyang Minzu Daxue"也不能算是错误。我们可以拿麻省理工学院（MIT）来举例。在可理解语境下，我们对于"MIT"这个符码的理解已经不是原来的"Massachusetts Institute of Technology"的缩写。关键在于"MIT"已经成为各文化所熟知的、约定俗成的能指。其实，麻省理工学院早已经不再单单是理工科院校了，但对它的命名却没有更改，因为大众文化对它的接受已经超越了名称表征信息的阶段。熟知麻省理工学院的人绝对不会认为因为名字是"理工"而认为它只有"理工科专业"。因此，我们要用"迹点（trace）"这个术语来表达符号所包含的文化信息。符号的文化迹点是能指或曰功能层的隐性表征，是一种信息含量的所在。

　　回到大学校名的翻译论题上来。既然名称是一种文化符号，具有整体性、不可切割性的特征，那么我们不可能把一个文化符号切分出若干个意义单元再进行重组转码。比如，清华大学我们不会译成"Clear Chinese Big Study"。事实上，目前约定俗成的译码包含了一个意义切分。"Tsinghua University"（此译法有韦氏字母，是官方译法）符码清晰显示信息指征：大学。如果"清华大学"这一文化符号在各文化背景下都被人熟知，"TU"就成为一种隐含较大文化迹点的符号了。再如北京航空航天大学官方译法为"Beihang University"、中国人民大学译为"Renmin University of China"并无不妥，还有国内四所交通大学都译为"Jiaotong University"也很精当。此处，"航空"、"航天"、"人民"、"交通"四个意义项都没有对等的传达，但这这个翻译的确是无可指责的，原因就在于把名称符号化了，而且保留了源语言的文化迹点（例如北京航空航天大学的知名度不仅在中国人中指涉明确，对此大学有了解的外国人也可遵循这一约定俗成）。那么，文化迹点的含量与什么有关呢？我们认为，越是与源语言文化背景相近、越保留源语言文化特点的，其文化迹点含量就越大。如"Hamburger"译成"汉堡包"，其隐含文化迹点就大，反而，如果译成"两片小圆面包夹一块牛肉肉饼组成的西式食品"，那么其文化迹点就几乎消失殆尽了。同理，把中国的特色菜品、地名阐释性地外译只会丧失其文化迹点，甚至闹出笑话。例如"麻婆豆腐"译成"Tofu made by woman with freckles"，将"狮子头"译成"Red burned lion head"，"蚂蚁上树"译成"ants climb tree"等不一而足。这样不仅让文化迹点全无，而且信息也不对等，只会闹出笑话。

那么，外介者在名称术语翻译选词的时候，可不可以根据音译创造新词呢？答案当然是肯定的。这不仅可以最大程度上保持源语言的文化迹点，也可以创造新词，增加目的语的丰富性。雅各布森认为，人类的一切认知经历及其分类都是可以用某种现有的语言来表述的。[①]一旦出现词语空缺（deficiency），可以通过用外来词（loan words）或外译词（loan translations）、新词（neologisms）、语义改变（semantic shifts）和迂回说法（circumlocutions）等手段来限定和扩大已有术语。因此，在翻译中央民族大学校名的时候，作为外介者，根据"民族"一词的符号特性和音译原则译成"Minzu"并无不妥。

长期以来，翻译界对名称术语翻译的方法主要在"音译"与"意译"之间争论。如"功夫（martial arts / gongfu）"、"气功（breathing exercise / qigong）"、"旗袍（slit dress / qipao）"、"太极拳（shadow boxing / taijiquan）"等。其实两种译法并无对错之分。选择音译的初衷可能是因为若选择意译无法进行信息对等（information equivalence）。黄粉保教授曾经归纳出音译的三种特殊语用功能：①故弄玄虚，引人注目；②标新立异，满足虚荣；③舍土求洋，余意未尽。[②]这些评论看似贬义，但黄教授其实是想肯定音译的正面作用："音译词的使用还大大地丰富了目标语的语言词汇，给原本单调的语言带来活力和生气。"[③]事实上，奈达也曾肯定过音译在文化传播中的作用，在其 *Language, Culture, and Translating* 一书中谈到语言不同变体的功能时指出："巧妙地推行带有修辞性质

---

① Jakobson, R. *On Linguistic Aspects of Translation*. In Browner R. A.(eds.). *On Translation*. New York: Oxford University Press, 1966, p. 274.

② 黄粉保：《论音译的语用功能》，载《中国科技翻译》2005 年第 3 期，第 55 页。

③ 黄粉保：《论音译的语用功能》，载《中国科技翻译》2005 年第 3 期，第 55 页。

的方言能给潜在受众一种限制，从而带来强势的、居高临下的联想意义。"① 奈达此处讲的是同一语言内部方言变体之间的传播，而跨语言、跨文化交际中的传播更是如此。目前很多学者担忧的语言"文化霸权"、"文化帝国主义"、"权利话语"，不就是传播过程中源语言文化强势推进的语言学表征吗？

从翻译批评学的角度来看，目前学界主要有政治批评、历史批评、道德批评、审美批评、语言学批评、文化批评；或者从主体上划分的自省批评、读者批评与译者批评等。② 在我们反思方法论的时候，必须从翻译的效果，亦即翻译批评学的角度来看待。对于名称术语外译，在社会层面主要来自道德层面，在符号内部主要有文化批评，在主体评价上主要有自省批评。然而，名称属于外译有别于文学文本的外译，其道德层面的批评空间狭小，可忽略不计。从文化批评的角度与自省批评的角度来看，中央民族大学的翻译"Minzu University of China"是外介者恰当的选择，因为它最大程度上保留了源语言符号的文化迹点。这里可能涉及"移植法"与"归化法"的问题，需要我们用历史批评的方法来看待。因为历史时期不同，人们所需要的东西也不同，翻译的目的也不同。由于"移植法"侧重源语言文化的译介，促进文化的交流甚至融合，在当前新形势下，比"归化法"更加可取。翻译活动是人类的一种普遍的社会活动，它不可能不带上时代的烙印，也必然随着时代和社会的变化而变化。所以无论是翻译观念、翻译的内容，甚至是翻译的方法都要不断产生变化。今天的时代早已经不是严复、林纾、梁启超所处的时代。虽然我们引进、介绍的西方思想还远远不够，但是，我们同时也应该看到，"走出去"与"引进来"相结合无疑应该成为当下的主流。

从横向方法论来看，我们必须考虑到信息论方法的作用：根据信息论的观点，"信息是指消除和减少收信人的某种不确定性。也就是说，如果对信宿来说信源所发出来的消息完全是双方商定的，或预先规定好的，那么，这个消息就不是信息，也没有意义。只有当信源发生的消息带有随机性、不确定性，对信宿才是有

---

① Nida, E. A. *Language, Culture, and translating*, Shanghai:Shanghai Foreign Language Education Press, 2001, p.113.

② 吕俊：《英汉翻译教程》，上海：上海外语教育出版社 2001 年版，第 337 页。

信息可言的，才是有意义的"①。换句话说，当我们把中央民族大学翻译成"Central University for Nationalities"的时候，实际上传播的是消息，而不是信息。它削减了意义，因为它失去了信宿追寻意义的必要过程。语言作为能指符号与客体所指对象建立起关系，符号就成了客体的内容和代码、代表和指示物。"符号的作用就在于用符号形式之能指，以包容其对象之所指。于是人们才能将对实指对象的实践操作通过符号化而转为思维操作，成为相对脱离人体机体活动的观念认知过程。"②在普通的语言使用过程中，语言的所指和意义已通过语言社区的约定俗成而带有普遍性和专用性，成为一种先在的语言交往结构和支配人们思维定势、语言框架意义系统，体现为主体通过意义传达出符号再经指称指示客体的模式。然而，在作为符号的文化传播过程中，语言系统的封闭性有时要让位于各种变体，从而使文化传播具有最大的信息，获得意义的最大值。从这个意义上来说，对名称术语翻译的方法应该抛弃音译与意译的争论，而应该进行艺术化处理，而艺术的最大特点是创造性。译者（外介）作为传播的控制方，应该通过语言符号这一工具媒介，选择最佳变体进行交往活动。

名称术语是文化迹点表征最集中的所在。在外译过程当中，应当充分考虑其整体性、符号性、艺术性，保持源语言文化的最大信息，使传播活动获得最大的意义。"世界在看中国"，中国文化还处于传播的初始阶段。新时期以来，国家提出了"中国文化走出去"的战略，必定要求在文化传播过程中保持最大的"文化迹点"，以达到传播的最佳效果。作为译介者，在深刻反思翻译方法论的同时，应该思考如何准确传达信息，又背负起文化传播的责任。

---

① 吕俊：《英汉翻译教程》，上海：上海外语教育出版社 2001 年版，第 26 页。

② 吕俊：《英汉翻译教程》，上海：上海外语教育出版社 2001 年版，第 54 页。

# 第二章　文化中的神话及其读解与破译

　　第一章我们主要讨论了巴尔特对文本的界定以及符号学系统的初步建立。诚如我们所说，巴尔特的文本理论实践是遵循从结构到解构这一发展脉络的，其文本观潜在地带有并且逻辑上实践了一种后现代文化研究的特点，即超文本和泛文本的观念。那么"神话"意指模式的构建则是巴尔特初次尝试的文本分析。与其说研究神话是发现一些"意识形态的蛛丝马迹"，不如说是为了建立或完善其符号分析或文本理论的前期准备。[①] 我们将符号系统的构建放在第一章来分析似乎违背了历时性的研究逻辑，但是，只有深刻阐释巴尔特的符号系统我们才能更好地理解所谓"神话"及其结构系统，或者说在厘清他的符号学系统之后再逆向地去探究"神话"文本会更具有理论到具体实践的内在逻辑。文化中的神话作为一种符号化的文本，其本质是一种由语言与言语组成的整体语言，它可归纳为传递某种意指的、复杂的嵌套语言系统。神话的自然化与反政治化的特性决定了神话传递的意指具有隐蔽性，它能更有效地使意指被接受和传播，因此错误意指通过

---

　　① 从时间的先后顺序来看也的确如此，《神话集》发表于1957年，《符号学原理》发表于1965年。事实上，《符号学原理》一书比神话集虽然晚了将近八年时间，但是这两部著作几乎都是巴尔特在1956年开始接触索绪尔著作之后酝酿而成，只不过《神话集》是以每月一文的方式发表于《新文艺》杂志，而《符号学原理》则是写完之后经历过修改才出版。可以说神话意指模式的构建是巴尔特符号系统构建的基础。

神话传递也更具破坏性。而作为文化中的神话或神话集合，文学作品的创作则需掌握自然化地传递意指的神话构造术。

## 第一节　文化中的"神话"：一种带有意识形态的符号系统

"神话（mythology）"[①]一词源于希腊文 μύθος（mythos），原指一种虚构的叙述，通常包括超自然的人物、行动或事件。与"逻各斯（logos）"一词相对，在前苏格拉底时代，"神话"是比"逻各斯"更高级的话语范畴。柏拉图则否定"神话"高于"逻各斯"，他认为"逻各斯"才是真理，"神话"是虚假的东西。"神话"的字典意义为荒诞无据的说法，在文学中，指的是先验性的关于诸神故事的虚构叙事；在文化研究中，指一套精致的、约定俗成的宏大主题和意识形态的集合。中国学者刘宗迪认为，"从本体论的角度看来，神话是一种文化传统中世代相传的真理、智慧和历史记忆，是一种文化传统理解宇宙、历史和命运的根本依据和意义源泉，是一种文明的精神核心和宏大叙事；从学者的认识论的角度看来，神话是一种早已过时的、丧失了存在依据、不合乎理性逻辑、无法证实的荒唐话语和虚假知识，应该从人类知识中清除，代之以理性知识"[②]。

按此分类，巴尔特的神话学研究则主要是从认识论的角度进行的一种文化研究。在《神话集》初版序言中，巴尔特对神话做出了这样的界定：

> 神话的概念我以前认为它是一些显而易见的虚构与超验。那时，我是从传统意义上来理解神话这词的，不过，我后来确定这样一个事实：

---

① 台湾学者多翻译成"迷思"，国内学者也有翻译成迷思的，如朱崇科先生等，鉴于"神话"这个术语在文化研究中已经广泛被接受，本文还是采用"神话"的译法。

② 参见刘宗迪：《神话与神话学》，载《民间文化论坛》2004 年第 4 期。

神话是一种总体语言（language）。①

在巴尔特的阐述中，我们还可以找到"神话"的以下定义：它是"集体表象（collective representation）"，是一种"意指形式（signification mode）"、一种"言语（parole）"等。②巴尔特的所谓"神话"主要以资产阶级的一种言谈（speech）方式为蓝本，基本来说表现为一定程度的句子，这些句子组合成话语（discourse）。"意识形态具有的重复、固着及完成的特性，与句子所蕴含者是一致的，句子便成为文化意指分析、意识形态分析（文化意指分析即意识形态分析）的模型、渠道及对象。"③在巴尔特看来，神话是一种言语，暗含着意识形态；神话是一种交流体系、一种信息，"神话不可能是一个客体，一个概念或一种想象；它是一种意指模式（mode of signification）、一种形式（from）"④。因此，神话包含两个核心概念：信息和意指。由于宇宙具有无限的信息和意指性，因此神话无处不在。神话虽然有形式的界限但却没有实体界限。"世上每一物体都可从封闭而非对话的存在转为个体的言语。"⑤比如客观世界的树经过文学描述，就成了神话，因为这种描述带有个体的意识形态。巴尔特认为，从前人们没有意识到神话的广泛存在，是因为意识形态具有隐蔽性，它被装饰过了。可以想象，大千世界的神话是以各种隐蔽的、看似合理的状态广泛存在的，巴尔特对此举例说：

> 除了口头话语之外，神话还可以是其他表现物。它可以由文字或表象构成：不写下的话语是神话，照片、电影、新闻报道、竞技、戏剧表演、广告等也可以是神话。这些都可以是神话存在的载体。神话不是以

---

① Barthes, R. *Mythologies*, (preface), translated by Annette Lavers, New York: Hill & Wang, 1972, p.11.

② See Barthes, R. *Mythologies*, Paris: Seuil, p.7, p.193, p181.

③ 屠友祥：《罗兰·巴特与索绪尔：文化意指分析基本模式的形成》，载《神话修辞术》导言，上海：上海人民出版社 2009 年版，第 15 页。

④ Barthes, R. *Mythologies*, translated by Annette Lavers, New York: Hill & Wang, 1972, p.109.

⑤ Barthes, R. *Mythologies*, translated by Annette Lavers, New York: Hill & Wang, 1972, p.109.

主题来界定，也不是靠其材料来确定，因为任何材料都可以被任意地赋予意义……①

由此可见，神话与符号是同构的。那么，两者的区别在哪呢？区别就在于一切神话都存在意指系统，而符号可以只有初级系统。简言之，符号可以是不带有意识形态的信息载体，而神话却必须预设一种能指意识。"神话的言语是为了恰到好处地传播已经精心加工过的材料铸就的。这是因为所有神话的素材，不管是图像再现性的还是文字表意性的，都预设了一个能指意识，我们可以凭借这种意识思考，谈论那些神话材料，而不用管材料的内容。"②但是，神话学也是由语言学扩展而来，毫无疑问在巴尔特那儿，神话学也属于符号学：神话等于言语，而言语的表达方式，却可以是非语言符号。比如一幅画、一张照片、一篇文章都可以是一种言语。在语言未诞生之前，人类就是用多种符号来进行表意。

不难看出，巴尔特对神话的界定遵循这样的逻辑：神话首先是一种符号，神话系统是符号系统的一种；神话含有语言的特性，但并非所有语言都是神话。如果说符号学是一种形式科学，那么神话学则还需考虑除形式之外的意识形态，"它研究呈现为形式的观念"③。

## 第二节　"神话"文本系统的结构

神话系统既然属于符号学系统，那么必定遵循符号学系统的结构规则。不同的是，神话的系统层级是复合的。在巴尔特的符号学系统建构中，能指与所指之间的关系构成符号系统的基本面貌。但与索绪尔不同的是，索绪尔处理的是两项，即能指与所指。而巴尔特处理的是能指、所指以及两者之间的关系（此处与叶尔

---

① Barthes, R. *Mythologies*, translated by Annette Lavers, New York: Hill & Wang, 1972, p.110.

② Barthes, R. *Mythologies*, translated by Annette Lavers, New York: Hill & Wang, 1972, p.110.

③ Barthes, R. *Mythologies*, translated by Annette Lavers, New York: Hill & Wang, 1972, p.112.

姆斯列夫的 ERC 模式雷同）。在神话系统中，巴尔特把这三项归结为一体，他用记号（sign）这个概念暂时指代这个整体。他进而举了一个例子：用一束玫瑰花表示爱情。在这个意指系统中，能指为"玫瑰"，所指为"爱情"。而整体则是"被赋予激情的玫瑰"。整体含有意义，而能指是空洞的。也就是说玫瑰如果不是人类约定俗成的代表爱情的话，玫瑰花的本身只是花而已，和菊花、牡丹花等没有区别。按照索绪尔的理论，能指是听觉印象、概念、印象的联结形成的符号（如单词）之类或具体实体，与弗洛伊德的"等值厚度"概念对应。那么玫瑰花在初级系统里只具有能指的概念，它没有意义。但一旦进入神话系统，就有意义了。文学作品也是一样，单纯的文字构成能指，作者传达的主题观念构成所指，那么作品就构成了一个意指系统，可以含具神话。此处我们看见，文字层面构成第一系统，意指层面构成第二系统。巴尔特指出："神话文本系统是一个特殊的系统，因为它是根据在它之前的符号学链而建立的：它是个复杂嵌套的符号学系统。在初级系统里的符号（即概念和印象的结合）在次级系统里变成单一的能指。"[①]因此，一切言语的表现方式（狭义的话语、照片、绘画、广告、仪式、物品等）在神话系统里面，都被利用作为能指，归结为一种意指功能：

> 神话在言语表现方式上呈现的是与无意指意义状态一样的原材料，相同的是，两者都简化为单一的语言状态。涉及的不管是文字的书写还是绘画线条的书写，神话从这些材料上所能被观测到的都只是诸符号的一个总体，只是一个整体性的符号，他是初级符号学链的最后一项。而正是这最后一项将成为因此而构筑的更大的系统的第一项或部分项。[②]

为了弄清楚神话的系统结构，我们有必要回顾一下第一章末尾所探讨的巴尔特符号系统最后一对二元区分：直指与涵指。在复合系统中，ERC 构成的初级系

①　Barthes, R. *Mythologies*, translated by Annette Lavers, New York: Hill & Wang, 1972, p.114.

②　Barthes, R. *Mythologies*, translated by Annette Lavers, New York: Hill & Wang, 1972, pp.114-115.

统既可以成为次级系统的能指，也可以成为次级系统的所指。前者巴尔特称为涵指系统，后者被称为元语言系统。那么在神话系统（显然为复合系统）中，初级系统的ERC到底是属于次级系统的能指还是所指呢？我们先来拆分一下，巴尔特认为初级系统是一个"语言系统"，"即我们称之为'语言对象（language-object）'的语言（或以相类似的方式表征），此语言是神话用来构建自身系统的"[①]。第二个则是神话系统本身，巴尔特称之为"元语言（meta-language）"（此处区别于元语言系统），此元语言是第二语言，用来谈论第一语言。那么，在神话系统这一层级，符号学家就不需要再考虑作为对象（工具、素材）的"语言"结构了，也无须考虑语言学模式的细节问题，而只需了解初级系统的整体项就可以了，只要此整体项能成为神话系统的能指，我们就有理由相信符号学家可以把文字界面和图像界面表征的意指现象用同一种方式进行处理了。我们可以用图来表示神话系统的结构，如图2.1所示。

图2.1　巴尔特神话文本系统结构图（1）

通过图2.1，我们看到，神话系统的结构表现为以下特点：①神话系统是个复合的嵌套系统；②初级语言系统构成神话系统的能指。由此我们可以得出结论：巴尔特的神话系统是一个涵指系统（意指系统）。但是，如果这个神话不是狭义上的言语，而是由非语言符号构成的表达面，那么这时的神话系统结构则是涵指系统与元语言系统结合的系统，因为在语言系统层面的能指和所指可以再往下细分为实在系统的能指与所指，只不过实在系统里的能指和所指的结合构成了语言

① Barthes, R. *Mythologies*, translated by Annette Lavers, New York: Hill & Wang, 1972, p.115.

系统里的所指，即一个元语言系统，如图 2.2 所示。

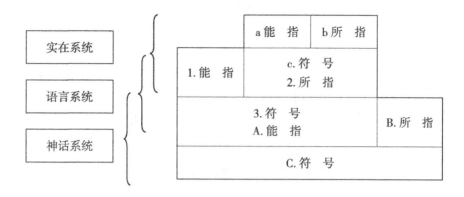

图 2.2　巴尔特神话文本系统结构图（2）

至此，我们可以清晰地看出巴尔特神话文本系统的基本面貌了。不过在这里，还有几个术语必须提及，我们用巴尔特所举的一则神话的例子来进行说明。这则神话是他在理发店里见到的《巴黎竞赛报》封面上的一幅图片：一位身穿法国军服的黑人青年在行军礼，双眼仰视，显然在凝视起伏的三色旗。在这则神话当中，初级系统的能指为图片（"语言"的一种表达形式），所指为图片引起的心理表象（军服、黑人等）。在次级系统中的能指则是初级系统本身（一位黑人士兵行法兰西军礼），所指则是法兰西帝国性（法国是个伟大的帝国，所有子民，不分肤色，都在国旗下尽忠职守，这位黑人为法兰西帝国热诚地服务，那些污蔑殖民主义的人应该自己打脸）。为了做好神话文本的分析，巴尔特先界定了几个术语：在语言系统层面的能指称作"意义（sense）"（即黑人行法国军礼）；在神话成面上，把能指称作"形式（form）"，神话系统所指（如图 2.2 中的 B），仍然称为"概念（concept）"。而神话层的"符号"，巴尔特则称之为意指作用（signification），如图 2.3 所示。

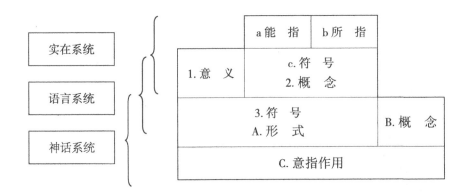

**图2.3 巴尔特神话系统结构图（3）**

在替换的术语中，必须厘清形式和概念这对术语。"神话的能指以含混的方式呈现出来：它既是意义，又是形式，就意义而言，它是充实的；就形式而言，它是空洞的。"[①] 我们可以把它归纳为能指的二重性。那么，从语言系统到神话系统，能指从意义到形式的过渡有没有产生改变呢？巴尔特认为，"意义变成了形式，就摒弃了偶然性……然而形式并没有消除意义，它只是使意义空洞化了，只是远离了意义，它使之处在可掌控、可安排的境地"[②]。而对形式来说，它必须不断地重新根植于意义之中。神话就是在这种有趣的变化当中被界定。然而，所指所对应的"概念"在巴尔特看来是确定的。它同时具有历史性和意向性。与形式相反，它是具体的、存于语境当中的。也就是说，神话要达到它的效果必须在通晓此语境的人群中被理解。拿上面的例子来说，假如一个从未了解过法兰西历史以及世界地理知识的中国人见到这幅画，那么这幅画的意义仍然是简洁、孤立、贫乏的。此处存在于一种知识性、联想性的场地，否则神话就失去它的作用。因此，我们可以把神话的特性归结为普适性（appropriated）。

我们还有必要简单比较一下语言系统和神话系统的区别。一般来说，语言系统与神话系统的区别至少表现在以下三个方面：①在语言系统中，能指与所指的

① Barthes, R. *Mythologies*, translated by Annette Lavers, New York: Hill & Wang, 1972, p.117.

② Barthes, R. *Mythologies*, translated by Annette Lavers, New York: Hill & Wang, 1972, pp.117-118.

对应关系是紧密的；而在神话系统中，能指与所指却不完全对应，一个所指有若干个能指。比如我们可以用一幅画、一首歌、一首诗来意指法兰西的帝国性，且即使用图画来意指，也可以用一千张不同的图画。②语言系统中的能指是单维的，而神话系统的能指则是多向度展开的，以"空间性"的方式呈现，如照片的各元素组合。③语言系统中能指是空洞的，而神话系统中的能指则呈现出两种面貌：一种是充实的，对应意义；一种是空洞的，对应形式。④语言系统中的符号是任意的，①而神话系统中的意指作用则绝不是任意的，"它总是一部分有理据的，不可避免地存在着可类比之处"②。巴尔特认为，由于神话系统本身是一个复合系统，必定需要理据性，"神话在意义和形式的类比上被构筑和读解：神话都具有蕴含理据的形式"③。神话的理据性将关系到被读解。

至此，我们较为清晰地把神话系统的结构展现出来：神话其实就是意指作用，本质上是一种"纯粹的表意文字系统，不管是形式再现概念还是由概念赋予形式理据性，都远远不能覆盖再现行为的总体"④。

## 第三节 对当代中国一则神话的批判

神话的系统结构是建立在符号系统之上的，具有意识形态性。那么，神话如何完美传递意指性呢？神话又如何被破译与读解呢？是不是所有越自然化的神话就越高级呢？我认为，巴尔特所认为的"神话是一种不带政治色彩的言语"的看

---

① 笔者坚定支持索绪尔的"任意说"，至于有学者提出"象似性"是对语言符号"任意性"的质疑，笔者认为是没有道理的。事实上，索绪尔说的任意性是指音响形象与心理表象之间不存在理据性，而皮尔斯也没有对此否认，只能说索绪尔和皮尔斯说的是两回事，国内一些学者挑起"任意性"与"象似性"的争论完全只是为赋新词而已。

② Barthes, R. *Mythologies*, translated by Annette Lavers, New York: Hill & Wang, 1972, p.126.

③ Barthes, R. *Mythologies*, translated by Annette Lavers, New York: Hill & Wang, 1972, p.126.

④ Barthes, R. *Mythologies*, translated by Annette Lavers, New York: Hill & Wang, 1972, p.127.

法隐匿了某些神话的反政治性。巴尔特在读解神话的时候强调要享受神话，读者是远离神话所涉立场的。这显然又是"读者已死"的另一种运用。然而，与文学文本不同，当比文学文本更直接、更高效的神话文本（若表现为图片）的能指不能完美传递意指，甚至有可能歪曲意指时，那么就非常危险了。因为神话比政治独白更隐匿，看似更自然。而神话的历史性和意向性又决定了神话读者的局限性。因此，拙劣的神话可能导致的后果是传递意指失败或指向反面，这比错误的政治宣言更具有破坏性。正如劳里·杭柯所言，神话有"从愚蠢的、幻想的甚至虚假的含义，到绝对的真实和神圣的记事"[①] 的危险。比如下面这则神话（见图 2.4）就拙劣地传递了一个意指，能指的失败导致意指走向反面。

**图 2.4　当代一则神话**

　　在读解和破译这则神话之前，我们先来描述一下这则神话的结构。图 2.4 中，一对分别穿着印有中国大陆和中国台湾地图的情侣衫的青年男女作恩爱状，为了

---

　　① ［芬］劳里·杭柯：《神话界定问题》，阿兰·邓迪思编，朝戈金等译，载《西方神话读本》广西师范大学出版社 2006 年版，第 35 页。

弄清楚此神话的意指性，我们有必要交代一下此神话产生的背景。在一次朱镕基总理答中外记者问的时候，一名来自美国有线新闻网的记者问道："很多人觉得，中国方面如果说要对台湾动武的话，可能就会促使很多台湾的人希望能够实现同中国大陆的统一，他们觉得好像看不出这方面的逻辑。这是不是就像有的人和他的夫人离婚的话就威胁她说，如果你不回来同我团聚，再同我重续前缘的话，我就把你杀掉。您觉得这中间有什么逻辑呢？"① 朱镕基总理的回答是："关于台湾问题我已经没有更多的话要说。你讲的这个例子很风趣，但是跟我的讲话风马牛。"② 记者会后，网友制作了这张图片来表达两岸统一的愿望。我们可以迅速地为这则神话构建一个符号学模式：初始系统为非语言符号系统，其能指为符号整体之各要素（衣服、人物、颜色、图案），所指或概念为原初意义之表象。在次级系统中，能指表现为符号各要素按空间性组合（衣服、人物、颜色、图案的搭配），所指或概念我们不可避免地要以"自觉统一性"来指称。见到此图的人瞬间获得一个意义，即真正的意指作用是大陆与台湾是自觉亲密不可分割的。如果要转化为纯粹语言系统则是：中国，我（台湾）永远都是你的。这则神话在形式上看似完美，神话自然化地传递一个"自觉统一性"的意指。事实上，这则神话是失真的神话，能指完全不能传递"台湾属于中国"这个法理。拙劣之处在于模糊、歪曲了能指，它隐匿地传递了一个错误的信息，导致很可怕的一个结论：内地与台湾的关系仅仅是自觉亲密在一起的恋人。

　　按照巴尔特的理论，神话的读解有三种类型：①关注空洞的能指。此时概念掩盖神话的形式，神话系统结构为简单的系统，意指作用呈现为原扑状态。那么在所列举的神话中，青年男女恋人是不可分割性的例证，他们是统一性的象征。这种类型着重关注神话制造者的方式，"是从某种概念出发并为这种概念寻找某种形式的报刊编辑者的方式"③。②关注充实的能指。那么就需要明确地区分意义和形式，从而关注意义使形式或形式使意义遭受的变形、走样。这样，就解开

① 参见《人民日报》2000 年 3 月 16 日，第 1 版。

② 参见《人民日报》2000 年 3 月 16 日，第 1 版。

③ Barthes, R. *Mythologies*, translated by Annette Lavers, New York: Hill & Wang, 1972, p.128.

了神话意指作用的秘密，破译者就把形式当作一种欺骗（imposture）来接受：在所列举的神话中，我们会想到这对青年男女意指的"自觉统一性"是一种假象。如果按照这种类型方式来读解，则属于神话修辞学范畴。③关注神话的能指就像关注意义和形式构成难以逃脱的整体，就能收到模棱两可的意指作用：破解者对神话的构成机制、其原动力做出反应，破译者因此成为神话的读者。那么此时，热恋的青年男女不再是一种例证、一种象征，更不是欺骗，而是"自觉统一性"的一种存在（presence）。

第一种和第二种神话的解读类型关注的是静态的、分析的范畴：破译者的目的是揭示真实意图、除去表面假象以摧毁神话、消除神话。第一种是"冷嘲热讽"式的，第二种是"揭秘"式的。那么第三种神话的解读类型关注的方式则是动态的（dynamic），它根据神话结构蕴含的目的来消费神话，破解者因此而享受这种类似于真实与虚构同在的神话。那么，哪一种类型的破解方式最佳呢？巴尔特认为是第三种类型：

> 如果人们希望把神话模式和一般历史事件相关联，展现它如何满足一个确定社会的兴趣，简言之，从符号学过渡到意识形态，则很显然，神话破解者必须将自己置于第三种关注方式的层面：神话读解者本人最应该厘清神话的基本功能。①

这里必须阐明神话读解者如何接受神话的问题，如果是第一种类型的读解，则神话无意义（能指空洞，形式被掩盖）；若按第二种类型的方式解读，神话也失去意义（因为对于能识破假象的人来说，神话传递的意指作用将达不到预定的效果）。就比如巴尔特举的"法兰西帝国性"的例子（一张画有黑人士兵庄严地向法兰西国旗敬礼的图画），如果按第一种方式读解，则黑人与法兰西帝国性无关，帝国性意指的传递失败；若按第二种方式解读，破解者只是看到了一个政治

---

①   Barthes, R. *Mythologies*, translated by Annette Lavers, New York: Hill & Wang, 1972, pp.128-129.

主张而已。而在我们破解的这则神话（见图2.4）的时候，如果用第一种方式读解，则接收不到"自觉统一性"这个意指，就如不懂中国历史、地理、文化背景的人无法获得这个意指一样；如果按照第二种方式解读，则可能清楚此"自觉统一性"只是一种宣传的做法而已，甚至觉得有点太过赤裸，难以接受；但是按第三种读解方式，神话立刻变得丰富起来，这时它可以逼真地传达其意指作用。苏珊·桑塔格曾经说过，"隐喻和神话能致人于死地"[1]，这也是为什么这则神话产生的不良后果比直白表述错误的政治主张更具有破坏性的原因。神话的最大特性就是自然性。换句话说，神话是自然化的表现方式，神话既不是谎话也不是直白陈述，而是一种隐匿的表述。神话的原则就是历史自然化。在神话读解和破译的时候，我们需要重新回顾一下神话的特性。按照巴尔特的观点，神话不隐藏什么，也不炫耀（flaunt）什么，神话只是失真了，神话既不是谎话也不是承认，而是一种修辞。那么如何弥补因上述两种方式所产生的神话的遗失呢？巴尔特认为，最好的就是采用折中的方式：

> 神话负有使预设意指的概念"顺利通过"的责任，而它在初级系统中可能遭遇到曲解，因为神话若是藏匿概念，语言就会消除概念，若是揭露概念，语言就会明确概念。次级符号系统的精心构筑，将会使得神话摆脱了左右为难的窘境；神话被逼入一种要么揭示概念要么消除概念的绝境，神话将使概念自然化。[2]

由此我们得到了一个关键词：自然化。神话的原则就是使历史自然化。神话的消费者很清楚它展现的意图和目的。用神话这种言语表达而不用语言系统里的话语来表达是神话自然化的原因。神话的言语多种多样，丰富到可以理解为一种证据。

神话的消费者很清楚它展现的意图和目的。用神话这种言语表达而不用语言

---

① ［美］苏珊·桑塔格：《疾病的隐喻》，陈巍译，上海译文出版社2003年版，第20页。

② Barthes, R. *Mythologies*, translated by Annette Lavers, New York: Hill & Wang, 1972, p.129.

系统里的话语来表达是神话自然化的原因。神话的言语的千变万化决定神话表现形式也是多种多样的。如果我们把这对青年男女看作唯一能表征"自觉统一性"的，那么这则神话则失去了独特的魅力。神话所要达到的是自然化地凝练出一种能产生意指作用的言语方式。只要这种言语方式呈现出自然化的特征，那么神话就开始存在——神话是一种模拟真实的言语。

神话的构成必须盗用语言，其特性就是把意义转化为形式。在这则神话中，消费者盗用了印有大陆、台湾地图的T恤衫，盗用了青年男女的恩爱状，盗用了颜色。这些被盗用的"东西"（原扑的语言）促成了自然化的神话。这是神话的一种借用（capture）。形式和意义通过这种借用威胁意义。事实上，所有事物都逃不开神话的魔掌，神话可以从任何意义（我们看到还有从意义本身的缺失）那里展开其次级模式，但并非所有语言都能很好地抵制神话。如果说有的语言可以抵制神话的话，那只会是处于前符号状态的诗歌。其他语言都会被神话所利用，越清晰、越明确的越容易被利用，因为这些符号具有具体的表达性（比如大陆地图与台湾地图）。抵抗神话只能在"零度"状态下才可能起作用，因为在神话的构建当中，意义是绝对不处在零度状态的。总之，"神话可以击中一切，腐蚀、改变一切，乃至可以击中、改变那些正在拒绝神话的行为本身。对象语言从一开始抗拒（得）越激烈，到头来反而越堕落、越败坏：谁抵抗的（得）彻底，谁也就屈服地（得）最彻底……"[1]

这则神话（图2.4）在形式上的完美主要体现在以下两个方面：①它超自然地表征着一种意指作用；②这则神话给人的感官印象起到了直接的效果。神话是否被拆解不重要，重要的是它产生的效力。当我们第一次面见这幅画的时候，获得一个意指作用的意义就是："自觉统一性"。我们把看到的青年男女之间的恩爱状和我们经验世界里的生死相随的坚定性融合在一起，从而迅速做出一个判定，这个判定正是这则神话所传达的意指。那么，这则神话的问题在哪呢？首先是能指的失真。正如前面所述，能指具有多样性，然而，神话制造者却隐蔽地错用了

---

[1]　Barthes, R. *Mythologies*, translated by Annette Lavers, New York: Hill & Wang, 1972, p.132.

能指。从法理上来说，台湾自古就是中国领土，台湾与祖国是血亲关系，不可能是爱情世界里的自由组合。这其中的"自觉统一性"显然是不够的。爱情世界里分分合合，情纵痴也终有完。即使有法律形式保障的结合也可以自由解除。这种关系不是与生俱来的，不是不能改变的。而台湾与祖国的关系是血浓于水的亲情，是母与子的关系。母与子即使暂时分开或有矛盾，但始终逃不开血与肉的联系，无人能改变。这从法理上来说才是恰当的。其次，这则神话把它的拙劣之处隐匿了，看似越真实，越具有传播效果。越有传播效果，那神话就越来越成为固定神话，其传递的错误意指即"台湾与内地只是大千世界里两个情投意合的两方自愿的结合"。神话运用"海誓山盟"、"坚定不移"的爱情欺骗了读者，掩盖了错误的本质。

不难看出，巴尔特分析的神话系统结构及其意指作用是为文学批评服务的。可以说，传统文学批评就是一种神话：它蕴含意义、言语的意义；它操纵能指，就是作为写作或同类型的同一种言语；它传递所指，即文学的概念；它传递意识形态，即文学的言语。所以，传统文学批评只是一种文学语言的神话修辞术。而"零度写作"则在此基础上提出。既然神话蕴含在文学当中，那么作为创作神话的写作则需考虑神话的自然化。"神话的任务就是使历史的意图自然化，使偶然性变为一种永恒……神话操纵了从反自然到自然的颠倒过程"[1]。

还有一个问题是神话的自然性与非神话的政治性。用巴尔特的话说则是，"神话是一种反政治化的言语"[2]。如果我们用一种非神话的方式来传达"自觉统一性"这个概念的时候，很可能是一种直白的处于语言系统层面的言语，就比如外交部的辞令：台湾是中国固有领土不可分割的一部分，实现完全统一是包括台湾人民在内的所有中国人的共同愿望。这是一种政治表达，从中我们就看到了政治性。而神话则反馈给世界一个真实的自然形象。我们来看巴尔特对神话特性的描述：

---

[1]　Barthes, R. *Mythologies*, translated by Annette Lavers, New York: Hill & Wang, 1972, p.132.

[2]　Barthes, R. *Mythologies*, translated by Annette Lavers, New York: Hill & Wang, 1972, p.143.

神话并不否认事实，正好相反，它的功能就是强化事实；简言之，神话艺术化事实，使事实变得简单、明了。使事实自然化、永恒化，它给予事实一个明晰的意识形态，这种意识形态不是对事实的陈述，而是对事实的解释……从历史到神话的转变过程中，神话以艺术化的方式操作：它扬弃了人类行为的复杂性，赋予其本质的简单性，它排除了一切辩证法，和任何悖论式的形而上，它构筑了一个因没有深度从而没有矛盾的世界，一个一目了然的敞开的世界，它建立了亲近读者的明晰性；事实本身意指着某事。[①]

所以，政治性越强，神话的自然性越弱。政治性越弱，则神话的自然性越强。政治性是直接、定性地展现出来；而神话则是委婉、自然地表达意指作用。由此可见，这则神话在传达"自觉统一性"的时候，不是选择一种带有强烈政治性的语言系统内的言语表达，而是通过修辞，上升为神话，此时意指作用的传达变得自然、真实起来。巴尔特认为，革命的语言都是反神话的：革命话语是一种赤裸裸的政治宣泄。但是革命者也会知道神话，如前苏联制造了斯大林的神话。只不过这种神话粗糙、劣质、枯燥无味。巴尔特对斯大林的神话是这样评述的："还有比斯大林神话更拙劣的吗？毫无创造性，只有赤裸裸的歌颂：神话的能指一成不变，它被简化为冗长单调的叙述。"[②]

# 第四节　文学的神话：自然化地传递意指

文学从属于文化，传统文学作品尤其是虚构类作品都是文化中的神话或神话的集合。从古至今的文学作品，要么是一个宏大的神话，如传递封建礼教人吃人

---

① Barthes, R. *Mythologies*, translated by Annette Lavers, New York: Hill & Wang, 1972, p.143.

② Barthes, R. *Mythologies*, translated by Annette Lavers, New York: Hill & Wang, 1972, p.148.

的神话，神学桎梏毁灭人的神话等；要么是若干神话组合而成的神话集合，因为作品的每一个表现为叙述片段的符号系统的集合都是一则神话。文学用神话阐释世界，正如俄国著名文艺理论家叶·莫·梅列金斯基所说，"神话依据当时文化所固有的认识，对业已存在的社会秩序和宇宙秩序加以阐释"[①]，而这些神话跟后现代文化研究中的神话有一个区别，即这些神话的初级系统都起始于语言文字，它不再追溯到非语言符号系统中的符号呈现的原扑状态。换句话说，文学作品中，初级系统是语言系统（能指与所指构成），它充当神话系统的能指。它多数缺了一个实在系统（插图和漫画故事除外）。因此，文学神话的构建是一种"语言的嬉戏"，即能指的狂欢。

　　既然文学作品是神话或神话的集合，那么作为创作神话的写作则需考虑神话的自然化。神话反馈给世界一个真实的自然形象。现实主义文学是神话的完美制造者，因为它具有拟真性。从萨克雷、哈代到巴尔扎克、斯托夫人等，他们的作品构筑了无数精美的神话。从情节、人物、背景的设置到叙事的扩展都遵循人类认知经验。没有机械送神和超验想象。那么，是不是除现实主义文学作品之外的文学就不是神话或者是拙劣的神话呢？答案是否定的。首先，文学作品一旦被构筑，就有意指过程的参与，一系列神话也随之被建立；其次，现实主义之外的文学作品并非是反自然化的拙劣神话。这主要表现在两方面：①人们普遍认为浪漫主义、超验小说、后现代文学作品当中富有丰富想象力和违背人类认知经验的故事情节可能是非自然化地传递了神话意指，但事实上，神话的自然性并不仅仅指的是能指的逼近真实。因为参与游戏的能指都是神话制造者的创造，文学作品离不开虚构。即使斯托夫人的《汤姆叔叔的小屋》逼真到让读者感觉作者亲临现场，整个情节如真实发生过一样，但最终也只不过是虚构的。②在各种浪漫主义作品、超验小说等都有责任向读者传递自然性。它不可能完全是天马行空、杂乱无章的随意堆砌，就如华盛顿·欧文的《瑞普·凡·温克尔》所描述的故事一样：温克尔逃避现实进入山林喝了山里人的酒一觉睡了二十年。这样的故事在人类认知经

---

① ［俄］叶·莫·梅列金斯基：《神话的诗学》，魏庆征译，商务印书馆1990年版，第187页。

验里面找不到，也无法用科学知识解释。但欧文在整个小说里都力图向读者传递和解释真实。因为想象世界中的情节要引起共鸣必须使读者认为这样的情节会发生或发生过，只是在读者经验里不曾找到。就如从未见过鬼神的人却坚信鬼神的存在一样。

那么，我们似乎可以说，文学写作是一种神话的构筑，它的使命或必须遵循的规则就是自然化地传递意指。越自然化的意指就是越高超的神话或神话集合，越高超的神话则越隐蔽地传递其意识形态。无可否认，所有文学作品都是神话和神话的集合，对文学作品的文本分析就是一个解读和破译神话的过程。享受破译和解读神话的过程是文学作品研究的空间。一部作品的阐释空间越大，那么这则神话或神话集合的构筑就越精妙。因此，神话构造学则变得有必要了。正如巴尔特所说，"我们可以把弗洛伊德的愉悦原则添加到神话构造术的明晰原则中去。这完全是神话最有意思的地方：其明晰让人快乐"①。

神话无处不在，文化中的神话归根结蒂是一种意识形态的传递或表达的方式，是一种"虚假的（通常是刻意虚假的）信仰或叙述"②。在言论场上，文化间的交流上，我们不断制造神话、消费神话、破解神话，也享受神话。因此，利用避无可避的神话为文化传播服务是当代新媒体大量兴起背景下的必然选择。我们利用神话，根据能指的多样性以及神话的普适性制造高超的、自然化的、能被读解的神话，以达到传播的最佳效果；我们破解神话——在逆向结构推论过程中研究神话的系统结构以找出其意指，避免受到错误的引导；我们享受神话——这是一种能指的游戏。文学的创作是一种是将意指自然化、拟真化传递的神话构造术。精细构筑的神话其文本的阐释空间也最大。文化中的神话及神话的研究对多模态文本展现方式不断更新，超文本、泛文本已经解构传统文本定义的今天具有重要意义。神话的研究为构建新的批评方法以反对传统文学批评提供了一个方法论的

---

① See Barthes, R. *Notes 21 of Mythologies*, translated by Annette Lavers, New York: Hill & Wang, 1972, p.143.

② [英] 雷蒙·威廉斯：《关键词：文化与社会的词汇》，刘建基译，生活·读书·新知三联书店 2005 年版，第 315 页。

视角。这对于扩大文学研究的多面性以及推进后现代文化批评具有深刻的意义。

　　本章主要探讨了巴尔特的"神话"文本之概念、系统结构，并按照他的理论破译和读解了当代一则神话。我们看到，神话是个复合的系统，具备传达一种意指的作用。它具有自然性、反政治性、含混性等特征。文学也是一种神话，其系统结构等同于其他神话结构。神话的研究为构建新的批评方法以反对传统文学批评提供了一个方法论的视角，然而，按照巴尔特文本理论的时间逻辑，"神话"结构弄清楚之后，就必须过渡到典型的文学文本的结构。就好比语言学研究完句子之后，必定过渡到篇章。然而，文学文本最典型的是什么呢？这种文本的系统结构又是如何的呢？

# 第三章　文化中的叙事及其结构

　　狭义的文本绕不开文学文本这一环。而文学文本中，叙事文本又是最典型的。这主要基于以下两点：①文学创作在数量上绝大多数地表现为一种叙事（所有小说即如此）。②叙事含括在各种作品（包括文学以外）的形式当中。如神话、传说、寓言、童话、小说、史诗、历史、戏剧、绘画、电影、漫画、社会新闻、访谈等。当我们梳理巴尔特文本理论的时候发现：写作（此处指那些故事的构造方式）一直是巴尔特文本理论的最终旨归，从早期的"零度写作"到晚期的"迷醉写作"这一逻辑承袭即可证明这一点。或者可以这样说，符号学系统的构建、神话模式的创立最终只不过是为描写文学生成机制而服务的。文学文本的生成机制也一直是结构主义符号学的基本命题。叙事文本的结构是基于语言学理论进行建构的。它是一个放大了的句子。功能作为叙事文本的最小单位参与文本的构造。行动层对应句子中的谓语，它通过特定的序列组合成文本生成的骨架。最终这些要素通过扩展、延异使得文本催化生成。

　　国外巴尔特研究者们对他的叙事模式研究得不多。英国文艺理论家麦克奎联（M. McQuillian）（2011）认为巴尔特的叙事语法虽然借鉴了同时代其他符号学家的做法，但"不乏新意并深具理论价值和实践意义，遗憾的是，在后现代叙事学不断涌现的今天被悄无声息地打入冷宫"[①]。而国内叙事学研究者们多是"费

---

① McQuillian, M. *Transitions: Roland Barthes*, New York: Palgrave Macmillan, 2011, p.23.

伦学派"，他们不关注文本的内在结构。然而，叙事文本的生成机制实际上是整个叙事学的最大语法，其肌理构造法则是叙事学本体论中不可规避的重要一环。本章尝试描述巴尔特叙事语法的基本系统，为国内叙事学研究提供一个朝向文本内部的结构视角。

## 第一节　叙事文本的"语言（langue）"

索绪尔区分语言和言语，其中，语言符号的听觉印象是呈线性展开的。这是我们可以把句子切分成词块、词、语素等下级序列单位的原因。在句子中，词块与词块的并列、词与词的并列以及组合关联在空间形态中的组合规则，就是索绪尔"横组合关系"的概念，即美国语言学家乔姆斯基所谓的句法。"整体的价值取决于它的部分……部分的价值决定于它们在整体中的地位。"[1] 在巴尔特看来，句子是一个序列（order）。"它是一个自足体，具体而微地含纳了话语的一切要素。反过来，话语则是放大了的句子。"[2] 叙事文本无疑是一个放大了的句子。找出叙事文本的结构是符号学家的事情，因为语言学止于句子。实际上，语言学发展到今天，早已超出了句子的范畴，如语篇分析就是个很好的例子，只是在索绪尔结构语言学的时代或者说巴尔特所接触到的语言学阶段，语言学的确是在句子层面就终止了。这种情况我们可以归结为语言学外延的扩大，是语言学与符号学甚至与文学逐渐融合的一个必然结果。巴尔特认为语言学止于句子还有另外一层意义，如马丁内所说，"句子是完全、完整地代表着话语的最小切分成分"[3]，"所以语言学不可能采取一种超出句子的对象，因为在句子之外存在的，只不过

---

① [瑞] 索绪尔：《普通语言学教程》，高名凯译，北京：商务印书馆1980年版，第178页。

② 屠友祥：《罗兰·巴特与索绪尔：文化意指分析基本模式的形成》，载《神话修辞术》导言，上海：上海人民出版社2009年版，第12页。

③ Martinet, A. *Réflexions sur la phrase*, in *Language and Society*, 1961, p. 113.

是更多的句子：植物学家在描述花朵时不可能关心对花束的描述"①。

由此看来，作为句子组合的话语也是有结构的。话语的结构由句子组成，但显然超出句子的结构。研究话语结构的单元、规则、语法等就显然有必要了，而叙事结构分析的目的即在于此。那么，叙事结构分析从何入手？采用何种框架？这时我们可毫不犹豫地想到语言学。从符号学系统的构建、神话文本分析的第一次实践再到叙事文本，巴尔特遵循着一种线性逻辑。语言学的理论应用于文学文本是基于语言与文学隐含着的一种同一性：

今天我们已经不再可能把文学看做一种对文学本身与语言毫无关系的艺术……文学，不正是产生着一种语言的言语吗？②

这样一来，叙事结构分析即可从语言学出发对其加以研究。巴尔特认为，叙事结构分析最合理的做法就是在句子和叙事文本之间假定一种同态关系：叙事文本可成为一种"大句子"（其单元不一定是句子），正如句子，由于其某些特点，它可以是一个小小的话语。必须指出，虽然话语由句子组成，但是它不是句子的简单相加。叙事是一个大句段，和语言学中的句法一样，叙事这个"句子"有它的主语、谓语，也有时态、语态、人称等，正是文本和语言间的同态性使得语言学理论对文本研究具有启发性的价值。

事实上，叙事语法并非巴尔特首创。普罗普的童话研究、列维-斯特劳斯的结构人类学以及格雷马斯的行动者（actantielle）拓扑学等就已经是一种叙事结构。那么，巴尔特的创新之处在哪呢？我认为，首先，不同于前三者的是，巴尔特研究的对象是叙事文本（故事产生机制）；其次，巴尔特的叙事语法区分了功能层、行动层、叙事层，并阐述了行动序列，比他们三者更精准，适用面更广。那么，

---

① Barthes, R. *The Semiotic Challenge*, translated by Richard Howard, New York: Hill& Wang, 1988, p.98.

② Barthes, R. *The Semiotic Challenge*, translated by Richard Howard, New York: Hill& Wang, 1988, p.100.

为什么要划分出这些层级呢？我们可试着按语言学的模式来理解，众所周知，语言学的层级序列是从语音、音位到语法再到语境层的，这也就是狭义语言学研究范畴。它首先从描述音素开始，到音位规则，到字词形态，再到句法学、语义学、语用学等的过渡。在这中间，每个层级都有自己的单元以及与之相关的关系，语言学家必须对每一层进行描述，但每个层级都不能独立地产生意义，要产生意义必须参与上一层的构造。因此，进行叙事结构分析也必须找出描述实践的不同机制（instances），并将其置于等级结构中去。这就好比列维－斯特劳斯的"神话素"只有在彼此构成序列的时候才产生意义，意义是贯穿于整个故事的。所以叙事语法的根本任务就是找出这些层级及其之间的关系。关于巴尔特区分的这三层以及它们之间的关系，我打算分三节来加以讨论。在进入讨论之前，我们来看一看巴尔特对这三层及其之间关系的描述：

> 我建议在叙事作品当中应该要区分出三个层次：第一，"功能层（functions）"（相当于普罗普和布雷蒙）；第二，"行动层（actions）"[类似于格雷马斯的行动位（actant）]；第三，"叙事作用层（narration）"（相当于托多洛夫的"话语层"），需要记住的是，这三个层级是按照一种渐进的整合模式相互关联，一个功能只有当它出现在一个行动位的一般行动中时才具有意义，而这个行动本身只是从其后的事实中获取其最终的意义，即当它是被叙述的，被纳入一个有自身代码的话语体系的时候。[1]

---

[1]　Barthes, R. *The Semiotic Challenge*, translated by Richard Howard, New York: Hill& Wang, 1988, p.103.

# 第二节　功　能　层

从上面的讨论可知，按照语言学规则，从音素到音位到字词再到句子的各层级中，都存在一个基本单元。比如音素、词素、语义素等。由于叙事句法是从语言学理论演绎而来，所以描述叙事结构的首要任务就是找出这个基本单元。如果说要找到一个与列维－斯特劳斯在神话结构中找到的基本单元"神话素"相对应的一个词，则要从意义着手。对此，巴尔特把叙事结构的基本单元称为"功能（function）"，而评判这些切分单元的功能性特征的，则是意义。根据这个定义，故事即由若干个相关联的"功能"所组成的。比如在电影中（毫无疑问是叙事），每一个镜头、每一句台词都是一个"功能"，当然，功能的划分可能不会是"一个"、"一句"，但毫无疑问，正是这些功能支撑起整个叙事。这些"功能"都具有意指作用。比如小说中描述的主人公用餐的器皿可能意指着贵族身份、良好品味，或贫穷、出身低微等。每一个"功能"都是有用的，绝对不含有没用的"功能"，即使有些话语序列中看似无用的功能集合，仍然具有"荒谬、无用"的意义，因为艺术不允许"噪音"存在。巴尔特这样表述功能的意义：

> 在话语序列中，只要作为功能被记入叙事，都是具有价值的。甚至当一个细节看起来似乎无关紧要、不具有任何意义的时候，它最终仍然具有有关荒谬性或无用性的意义：一切皆有意义，或者说没有什么是无意义的。换言之，艺术并不承认"噪音"（在信息论的意义上）的存在：它可以是一个纯粹的杂乱无章或暂时看起来无关重要的系统，但绝不存在被"荒废"的单元，不管使其联系之故事的各层次的思路（thread）

*的长度、松散度和贫乏度如何。*①

诚如我们前面所述，功能划分的标准可能不会是以句子、镜头等为单位，它是一个内容单元（unit of content），一段陈述（statement），通过其在叙事构造中的意指作用划分为不同的层级，这些功能本身可能相互处于对方或上下级的意义集合里。"有时功能将高于句子的单元（不同长短的句组，直到全部作品）代表，有时由低于句子的单元（组合段、字词甚至在字词内，特别是一些文学性成分）代表。"②

我们接下来要讨论的，就是"功能"的分类。巴尔特把功能分为两类：分布性功能和整合性功能。分布性功能对应于普罗普的"功能"的概念，即一种铺垫。比如电影中黑帮老大购买手枪预指后面的枪战行为，如果没有发生，则此功能起"无用性"作用。另外一类则是整合性的。它对于故事的意义建构是必要的，又是呈分散性特点的。比如在电影中，为了表达主人公"专情"这一所指，可能会安排若干个情节来指涉此所指：主人公拒绝新的恋情、对旧情人恋恋不忘（如保存她的物品）、时间磨灭的失效（多年以后还记得她喜欢的东西）等。如 TVB 长剧《创世纪》（*At the Threshold of Era*）里，已经嫁给白瑞（Barry）的海伦（Helen）仍深爱其前男友添（Tim），剧中的整合性功能通过多个指号（indices）来呈现：海伦仍然保留喝黑咖啡的习惯，她本不喜欢喝黑咖啡，以前跟添在一起的时候，添喜欢喝，她便勉强自己也喜欢喝黑咖啡；在白瑞动手术的时候，海伦意外得知添乘坐的飞机出事（后来证实添没有乘坐该航班），她哭得非常伤心，白瑞以为海伦是担心他的手术；海伦甚至因为过度担心添而不记得白瑞做完手术后要她去买的是哪种粥，于是她只好每样粥都买了一份；海伦跟白瑞走在一起，白瑞钥匙掉了蹲下去捡，海伦却没发现而一直朝前走等。这些指号（indices）分布在故事

---

① Barthes, R. *The Semiotic Challenge*, translated by Richard Howard, New York: Hill & Wang, 1988, p.104.

② Barthes, R. *The Semiotic Challenge*, translated by Richard Howard, New York: Hill & Wang, 1988, p.106.

的不同阶段，只有通过整合才能完整作用。这些整合性的功能使观众获得一个意义：海伦真正爱的还是添不是白瑞。"指号"呈现出聚合段的特征，而"功能"则对应于组合段层面。在叙事类别中，民间故事是功能性的（以组合段功能表现），心理小说是指号性的（以聚合段方式呈现）。在功能类故事中，存在一个核心功能（cardinal function）和一个催化功能（catalysing function）。核心功能从命名就可看出，它在叙事结构中起到骨架的作用，而催化功能则是相对薄弱的、作修饰成分的。在指号类故事中，指号只能在人物或叙事框架中被充实，指号之间属于一种参数关系（parametric relation）。指号具有含蓄意指，而指号的补充信息项（informant）（对应功能类故事的"催化功能"）却是空洞的能指。所以指号的识别需要一种敏锐性。信息项虽然是充当补充作用的，但是和功能类故事的催化功能一样，都是不可或缺的。有必要指出的是，有时候一个内容单元有可能同时充当着功能性和指号性两种作用。巴尔特试举出了《金手指》①中的一个内容单元加以说明：主人公邦德搜查对手的卧室，从合伙人处拿到了一串万能钥匙。这是一个纯功能项——拿钥匙预指将要开启对手卧室（逻辑上必须如此）。但是在改编的电影中，这个细节变为：邦德以轻松地开玩笑的方式从并未制止的女仆那儿拿到钥匙。那么此处则既是功能项又是指号项——功能项如前所述，指号性则指涉邦德"聪慧、机智、女人缘"这一所指。这个指号对故事的构筑意义重大，因为它让观众捕捉到了邦德的个性，使故事变得有血有肉。所以，这四种功能项（核心功能、催化功能、指号、信息项）之间的交叉互补，共同构成叙事——以核心功能为中心（逻辑的需要），用催化、指号、信息进行扩展。在此框架确定之后，叙事则可无限生成。乔姆斯基的转换生成语法致力于句子的催化、生成，他认为：句子可由无限的从句组成②，叙事的结构和句子结构一样，都可催化、生成。

---

① 《金手指》，由英国小说家伊恩·弗莱明（Ian Lancaster Fleming）（1908—1964）所著的悬疑推理小说。小说讲述英国商人"金手指"看似做正当生意，实则走私黄金。詹姆斯·邦德受命调查，意外发现他与他人合作破坏肯德基州诺克斯堡国家金库欲使自己囤积的黄金涨价的阴谋。詹姆斯·邦德在"金手指"的机师布西的帮助下成功制止了这一阴谋。

② See Chomsky, N. *Syntactic Structures*, The Hague: Mouton, 1957.

功能最后需要论及的则是功能的组合规则。乔姆斯基的转换生成语法认为，语言生成按照句子的嵌套组合而成，每个句子的基本成分为一个名词词组和动词词组（S=NP+VP）。这是语言学层面的句法。那么，功能的组合规则（句法）又是怎样的呢？这个问题必须围绕我们上面提到的四项展开。巴尔特认为，信息项和指号是可以自由交叉组合在一起的，比如故事主人公的身份和性格可以沿着两个向度同时展开。而核心和催化之间是一种蕴含关系：催化必须在核心的框架之中伸缩。核心相当于故事的骨架，催化则必须在此骨架上描绘相应形体。

如果说这四个功能项在空间关系上是"连带的（solidarity）"，则必须弄清楚它们之间以何种逻辑建构起整个叙事。事实上，时间逻辑已经不是必要的了，"时间性只是叙事言语的一个结构类别，如同'语言'中的时间只存在于系统形式中。从叙事的角度看，所谓的时间并不存在，或只是起功能性作用，恰如符号学系统的成分一样，时间严格来说不渗入话语而渗入指项（referent），叙事和语言只认可一种符号学时间"[1]。在此功能逻辑学问题上，托多洛夫曾提出三种方向：第一种为演绎逻辑，即按照人类行为句法做替代活动；第二种为语言学路径的——发现聚合体对立，按雅各布森的诗学原则进行扩展（列维－斯特劳斯和格雷马斯的方式）；第三种则是托多洛夫从前面两种方式发展而来，它在人物层次上建立一种规则，叙事按照一定数量的谓词进行结合、转换。[2]巴尔特提出一个新的概念——序列（sequence），在他看来，"一个序列是一个由诸核心组成的逻辑系列，彼此由一种连带关系结合在一起"[3]。简言之，一个序列是一个封闭的功能组合，这些组合构成了叙事肢体的肌理。例如电影叙事中的每一个场景、每"一出戏"则是一个序列，构成了整个故事的各个封闭的片段。我们总是有意识地在各场景中表现叙事单元，不可能没完没了地按时间逻辑去记载所有事情。我们可以将这

---

① Barthes, R. *The Semiotic Challenge*, translated by Richard Howard, New York: Hill& Wang, 1988, pp.112-113.

② See Todorov, T. *Les Catégories du récit littéraire*, in *Communications*, 1966(8), pp.146-147.

③ Barthes, R. *The Semiotic Challenge*, translated by Richard Howard, New York: Hill & Wang, 1988, p.114.

些片段命名（如背叛、杀人、复仇、斗争、死亡等），每一片段又可分出若干小片段，叙事者可以自由选择替代项。我们同样以《金手指》的一个叙事单元为例：邦德的朋友杜鹏为他点燃打火机。"点燃打火机"这一小片段是在大片段"相遇"之下，是后者的组成成分。与"点燃打火机"这个小片段同级的有"走进"、"停住"、"称呼"、"问候"、"坐下"等片段。由此涉及一个等级结构的问题。实现叙事功能的完整必须逐步扩大这些片段，形成金字塔的样式。读者所见到的乃是诸序列（片段）的直线序列，当然，还存在平行、交叉的情况，然而必须有一条主线，若干片段的诸项才能彼此细密地纠缠在一起，构成整个功能的网络。总之，叙事结构从功能上来说，是一种"赋格曲（fugued）"式的。

## 第三节　行动层及行动序列

行动层，巴尔特首先用"通往人物的结构身份（toward a structural status of characters）"来界定。为此，我们首先要弄清楚"人物"及其在叙事中的地位。古希腊的亚里士多德在《诗学》中曾指出，故事的构筑首要的是情节，其次就是人物。亚里士多德把人物排在第二位，他认为可能有不存在"人物"的情节（事件的组合），但是不可能有不存在情节的人物。[①] 古典理论家们把人物当作行动的承担者，认为叙事学中的"人物"形成了描述的一个必要层面。或者说古典理论家们反对亚里士多德的观点，认为不存在没有人物的叙事。但有必要指出，叙事学中的"人物"并不一定就是"人"这一特定样式，虽然这一样式是最主要的。巴尔特把人物看作一个"参与者（participant）"，而非"存在者（being）"。每一个人物都是自己序列中的主角。这在当代叙事文本中尤为重要，比如我们创作一个剧本，如果存在一个"正—反"二元对立，那么正面人物和反面人物都有其合理诉求，正是两者处于对等的序列构成了冲突。

---

① [希] 亚里士多德：《诗学》，陈中梅译注，北京：商务印书馆 2005 年版，第 64 页。

那么，行动层与人物的关系如何呢？如果我们把人物看作主语，那么行动则是谓语。托多洛夫在分析心理小说时曾提出三种"述谓关系"——爱、交流、帮助，而格雷马斯则按照人物的行为行进分类，得出"行动元（actants）"的标准。[①]巴尔特仿照此二人的做法，归纳出三种述谓关系：交流（communication）、渴望（desire）、折磨（ordeal）。交流是叙事文本的基本要件，各人物是在交流当中推动叙事，不可能存在单方面割裂的人物；渴望则是人物的诉求，叙事文本中的人物在每一个序列当中都有其诉求。如菲茨杰拉德的《了不起的盖茨比》中盖茨比与黛西再次相遇的这一个序列当中，盖茨比的诉求就是得到黛西的爱，而黛西的诉求则是利用盖茨比让丈夫吃醋；折磨是叙事文本当中的叙事生成的推动法则。正是因为人物的诉求并非时时刻刻都得到满足（如果得到满足就无法推动叙事发展，失去了叙事的意义），各人物的各种渴望被限制（如盖茨比得不到黛西的爱），通过苦难、折磨来达到，最后不管是哪一方的胜利，都以双方的折磨为代价（如盖茨比被枪杀）。"无限的人物世界也服从于一种投射于全体叙事的聚合体结构（主语／宾语，施者／受着，助者／敌者）。而且由于行动位定义着一个类别，后者可由不同的行动者加以填充，并按照扩增、置换或欠缺等规则加以调配。"[②]此处有必要谈及格雷马斯的行动位模式。在行动位模式提出之前，普罗普、苏里奥等人提出过行动与行动者的关系，例如普罗普提出过七种行动域概念。但是，普罗普并未建立叙事文本的行动位系统。格雷马斯的行动元模型包括六种：主体、客体、发者、受者、对手以及助者。"它包括两个轴系，一个轴系以主体所欲望的客体为中心，并作为通讯客体位于发者和受者之间。而主体的欲望则反映于助者和对手的模型中。"[③]模式图如图3.1所示。

---

① 格雷马斯行动元是根据人物的行为进行划分的。在分析立陶宛一则童话故事中发现，人物的变体可根据叙事意义单元（语义轴）来确定。参见 A.J. 格雷马斯：《论意义》上册，吴泓缈、冯学俊译，天津：百花文艺出版社 2004 年版，第 265 页。

② Barthes, R. *The Semiotic Challenge*, translated by Richard Howard, New York: Hill & Wang, 1988, p.119.

③ 李幼蒸：《理论符号学导论》，北京：中国人民大学出版社 2007 年版，第 451 页。

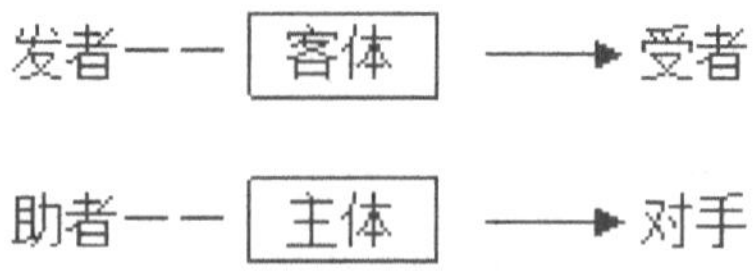

发者—— 客体 ——→ 受者

助者—— 主体 ——→ 对手

**图 3.1　格雷马斯行动位矩阵**

可以说，巴尔特在行动元问题的描述上并没有很大的创新，或者说他在格雷马斯的行动位矩阵图的基础上没有发展。只是巴尔特认为，主语（行动者）是双元的（dual）。在此，有必要指出，我们如果要保持一个特殊的行动类者（追求、渴望、折磨的主体），就必须将此行动位从属于语法的人的范畴而不是心理范畴。因此，行动者的各特性须在语言学层面进行描写，比如人称的、非人称的、单元的、双元的。行动位层次的描述和分类必须在语言学的框架之下。然而，语法范畴的人能够为行动位层次提供解答，但是却只能是相对于话语层级而非现实层级，因此行动者（行动位层次之单元"人物"）只有参与更高层级进行描述才有意义，这更高层是对立于功能层和行动层的，可称为"叙事层"。

## 第四节　叙事及叙事系统

在论及叙事层的时候，我们首先必须区分出两个对立的概念：叙事的施者与受者。很明显，从词义上可理解为故事的叙述者与读者，这对概念彼此互为前提。抛开受者或读者这一层，我们先来看叙述者是如何体现在叙事文本结构中的。当叙述者叙述的时候存在三种情况：第一，"叙事由一个人产生（完全在此词心理性的意义上）。这个人有一个名字，他是作者，不停变换'性格'以及一种完全被确认的个体的艺术，此人定期执笔写故事：于是叙事（尤其是小说）仅是一个外在于进行叙事之'我（I）'的表达"①。简言之，这种叙事者以第一人称"我"构筑和推动叙事。第二种情况是叙事者成为一个总体，明显非个人性意识，他从神的高度来生产故事。这种情况意味着"我"的退场，故事带有超验性。比如《荷马史诗》、金庸的武侠小说都属于此类，在此类叙事文本中看不到作者以"我"的身份出现。第三种情况是亨利·詹姆斯以及萨特那样的方式，即叙事者必须使其叙事限定在人物能够观察或了解的范围内，每一件事的发生就像每一个人物轮流成为叙事的发送者。这种情况最逼近真实。由此可见，这三种情况的区分提醒我们注意到两个叙事者的身份：外在的以及内在的。外在的叙事者操控一切内在叙事者，使他们逼近真实，合乎逻辑；内在叙事者却是外在叙事者的各种变体。正如拉康所说的，"当我说话时我所谈论的主体，是与说话者同一的吗？"②对此，巴尔特把叙事者代码分为两种符号系统：人称的和非人称的。但是，这两种系统并非完全对立，它们之间存在一种含混的可能，比如以第三人称写出的故事的真正机制（instances）却在第一人称（《金手指》就是这样的情况，即虽然是以第三人称写成，但由邦德所说）。这牵涉到词语及人称表达本身的含混性，所以我们可以看见，即使在单个句子中，叙事也能很快地在人称和非人称当中进行转换。

可以说，这两种系统的含混造就了一种写作手法。很多心理小说、侦探小说便利用了这两种系统的转换迷住了读者。叙事者可以通过抑制、铺垫等达到修辞效果，这主要基于心理人与语言人不完全统一的特性。语言人不是按照倾向和意图来定义，而是按照他在话语内被编码的位置来决定的。叙事结构分析就是要试图弄清楚这种"形式的人物（formal person）"。实际上，今天叙事的发展离不开对形式人物的抽象。越高明的作品形式人物塑造得就越成功（许多精彩电视剧的编剧们已经老练地学会了这个，如刑侦系列剧）。巴尔特认为这点很重要，因为"它关系到一种重要的颠覆（此外，公众的印象是人们不再写'小说'了），

---

① Barthes, R. *The Semiotic Challenge*, translated by Richard Howard, New York: Hill & Wang, 1988, p.123.

② See notes No. 50. In Barthes, R. *The Semiotic Challenge*, translated by Richard Howard, New York: Hill& Wang, 1988, p.124.

因为它试图使叙事从纯断言式的（constative）（现在仍占据主导地位）秩序，转变为行动式的（performative）秩序，按此理解，话语的意义就是说出此话语的行动本身：今日写作不是在'讲述（tell）'，而是说有人正在讲述以及把整个相关性（'说什么'）变成这种说话风格的实施。这就是为什么当代文学的一个部分不再是描述性（descriptive）的，而成为转换性（transitive）的了，他们试图用一种当下非常纯洁的措辞，从而使整个话语被发出话语的行动确认，全部逻各斯（logos）被置入或被延伸至一种莱克西斯（lexis）"[①]。

另外还有一个问题需引起重视，即叙事的情境。正如我们前面所言，语言学止于句子，那么叙事文本止于什么呢？这个界限的划分在巴尔特看来是重要的。他认为叙事代码是叙事文本结构分析可能达到的最高顶点。"叙事实际上只能从消费它的世界中接收意义：超过叙述层就是世界的开始，也就是说，世界即其他系统（社会的、经济的、意识形态的），它们的术语不再只是叙事，而成为其他物质的要素（历史现象、决定作用、人类行为等）。"[②] 如韩礼德把"语境"界定为"无联系的诸语言事实之总和"[③]，因此依照语言学的"语境"的概念，叙事文本也都依存于一个叙事语境、一套协议，叙事根据此协议被"消费（consumed）"。巴尔特认为，在古代社会，叙事情境是被强烈编码的。比如神话故事就不能随时随地被叙述。而现在的任务则是尽可能避免叙事情境的编码（大众文化由此而来，它假装具有自然性）。在论及叙事情境时，巴尔特这样写道：

> 可以说叙事层扮演的是一种模糊的角色：它与叙事情境相连接（有时甚至包含叙事情境），向叙事未完成的世界敞开；但是同时，它在上

---

① Barthes, R. *The Semiotic Challenge*, translated by Richard Howard, New York: Hill& Wang, 1988, p.126.

② Barthes, R. *The Semiotic Challenge*, translated by Richard Howard, New York: Hill & Wang, 1988, p.127.

③ Halliday, M.A.K. & Jonathan, J. W, *On languages and Linguistics*, London: Continuum International Publishing Group, 2003, p.4.

一层的顶端，结束了叙事，明确地作为一种语言的个体言语构成叙事，
此语言预见并支撑着自己的元语言。[①]

　　在语言学层面，"语言（langue）"可以被描述为切分和整合两个过程的互动。
整合即把切分出来的单元或形式聚集，产生更高一级的单元，这就是语言的结构。
那么在叙事句法中又是怎样的一个过程呢？巴尔特认为，在叙事文本系统里，也
存在切分和整合，前者的产物是形式，后者的产物则是意义。但是，我们必须弄
清楚的是，叙事是通过其单元进行何种互动来产生呢？巴尔特认为有两种：第一，
通过延异（distortion）和扩展（expansion）；第二，通过拟态（mimesis）和意义
（meaning）。

　　我们先来看第一种。关于延异这个术语（区别于解构主义大师德里达的延异
的解释），我们可以从语义学或句法学中的破格（anomalous）现象来进行类比。
语义学中，存在一种预设矛盾的句义关系，在句法中，也存在记号序列被干扰（如
谓语在宾语之后）的破句现象。在叙事结构中，也存在这样一种延异。它主要表
现为功能层的分裂，其他片段的单元插入。表面上该功能层是一个整体，但是被
插入的片段分裂，功能层的赋格曲式结构便因此而来。故事的"悬念"也与延异
有关。"扩展"类似于催化。正如我们前面所论述的，故事的功能分为核心功能、
催化功能、信息与指号。故事的序列既可被分离，也可被充实。换言之，整个叙
事是按照核心功能的骨架来构筑，催化的序列则丰满这个骨架。但有必要提出的
是，有些序列可能比其他序列更具催化的空间。比如描述"等待"这一片段，我
们假设核心功能为等待的场景设置，那么它催化的空间是巨大的。这其中具体而
微的细节可以无限生成。与无限催化对应的，是一种省略的（elliptical）效果，
比如我们可以用一句话来描述"他吃了中饭"。也可以用几千甚至更多字来描述
吃中饭以及与吃中饭有关或无关的各类信息。即催化的空间里，吃饭的细节可以
含括若干个指号或者信息。省略还是催化，一切在于叙事者（指作者）。这种省

---

① Barthes, R. *The Semiotic Challenge*, translated by Richard Howard, New York: Hill & Wang,
1988, p.128.

略或催化的选择则构成了叙事方法论。

我们接下来要谈的，则是第二种互动：拟态和意义。诚如我们前面所论及的，叙事包含单元的切分与整合。被切分的序列和单元必定在更高一级的层面被整合。因此，叙事的过程是极其复杂的。"具有种种形式的整合，有可能把一个层次上诸单元之看似难以控制的复杂性予以减弱。整合性能够对不连续的、邻接的、异质的诸成分的理解方向予以调节（正如他们呈现在组合段中那样，而组合段只相关于唯一的向度：连续性）。"[①] 整合类似于格雷马斯的"同位素（isotopy）"组合，就比如对各意指作用单元进行规整。叙事的整合在上下级之间进行，以防止意义的摇动。巴尔特对此使用了一个比喻：叙事好比一幢精美建筑，无限多的"零件"（简单单元）对称受力从而通向复杂整体。然而，叙事的整合可以是不规则的。由此可见，叙事的单元整合不规则正是叙事创造性的来源。巴尔特这样形容叙事的创造性：

> 叙事的创造性（至少在"生命"的神秘外表中）位于两种代码之间：语言学的和超语言的。这就是为什么我们可以不无矛盾地说，艺术（在其浪漫意义上）是一种细节陈述的问题，而想象即是对代码的掌握。爱伦·坡写道："我们可以在事实中发现，有创造力的人永远充满想象，而真正具有想象力的人只可能是一位分析家……"[②]

因此，必须放弃叙事"实在论"的幻想。换言之，每个序列或片段基本上是一个整体，它不是对现实的观察。叙事者先验性地把自己的经验投射到叙事中，但不是重复。它只是参与生成。叙事不具体指示什么，也不模仿什么。读者对故事的渴望源于对意义的激情，叙事的内容只是语言的历险，但是仍然会使读者有

---

① Barthes, R. *The Semiotic Challenge*, translated by Richard Howard, New York: Hill & Wang, 1988, p.132.

② Barthes, R. *The Semiotic Challenge*, translated by Richard Howard, New York: Hill & Wang, 1988, pp.133-134.

期待。叙事类似于句子的生成。孩童的句子首先是偶然的模仿，然后生成（我们永远不可否认孩童的语言具有创造性）。叙事也一样，不是完全模仿，只不过是偶然模仿然后生成。叙事文本的创作者不会一直模仿下去，否则不会有新生命的诞生，如果福克纳讲故事的方式一直是在模仿德莱赛，那么我们获得的只是一堆枯燥乏味的记叙，不是叙事。

　　叙事文本的结构和其他文本一样，在经由语言学系统建构而来的符号学系统中，各要素以并列、依存、延展、嵌套的方式巧妙组合，最终得以生成。巴尔特的叙事学首先确立了最小单元——功能，核心功能和催化功能按照叙事者本身的需求参与叙事生成。行动层（人物）通过交流、渴望、折磨三种述谓关系来推动叙事，叙事的施者通过延异、拓展、拟态、意义等各种叙事技巧创造性地构筑故事。巴尔特的叙事学模式思路非常清晰，具有较强的解释力，在整个西方叙事学历史中起着承前启后的作用，在我们今天重回结构主义方法论探寻的过程中起着举足轻重的作用，在当代西方文论历史的长河中留下了浓墨重彩的一笔。

# 第四章　文化中的后结构主义文本阐释

　　前期研究认为，1968—1969 年巴尔特在高等研究实验学院开设两个学年的研讨班的时候所提出的分析框架标志着他走向了解构主义。在这个研讨班上，巴尔特主要用他的叙事结构分析方法来解读巴尔扎克的《萨拉辛》。这些"踪迹"后来在 1970 年出版，取名为《S/Z》。有必要指出的是，巴尔特的灵感来源于 1966 年好友克里斯蒂娃介绍的巴赫金的文化符号学理论，因此我们有理由相信巴尔特符号学思想在后结构主义阶段与这位享誉全球的俄罗斯文艺理论家的理论隔空共鸣，交相辉映。自 1971 年始，过渡到解构主义阶段的巴尔特有以下几个特点：第一，开始反思自己前期结构主义符号学思想的外延和扩展；第二，受福柯、德里达、巴赫金等人的影响，其文本观发生了一些关注点的变化；第三，他的文艺理论思想逐渐由内部走向外部。巴尔特从结构过渡到解构（或后结构）主义，但他并没有完全扬弃先前的结构主义分析方法，在文本阐释（寻求文本意义）上，巴尔特的确受到了解构主义的影响而走向一种新尼采主义的倾向。然而，在弄清楚整个来龙去脉之前，我们有必要来谈论一下结构主义过渡到解构主义到底发生了哪些变化？它们是不是互不相容的一对二元？

## 第一节　后结构主义：结构的一种变形

结构主义源于索绪尔语言学的二元区分，这些若干二元概念形成了一种寻找语言意义的结构模式。但是，在德里达看来，结构主义语言学是西方形而上学的逻各斯中心主义（logos-centralism）的支脉，必须加以消解。表面上看，后结构主义似乎是与结构主义相对峙的，但事实上后结构主义（或曰解构主义）与结构主义之间存在一种承袭关系。它只是结构主义在某种程度上的一个变异，或者说是结构的一种变形。为了弄清楚结构主义与解构主义的渊源与差异，我们必须先描述从结构到解构到底发生了哪些变化？我认为，至少有以下几项运动过程：

第一，从中心到边缘。结构主义的目的就是要建构一个追踪深层意义的结构模式，无论是普罗普、雅各布森，还是列维－斯特劳斯等无不如此。巴尔特早期结构主义致力于意义的生成机制，正如他所概括的那样，"早期的叙事学家就希望从全部故事中找出单一的共通结构：他们挖空心思地想从各个故事中抽离出一个共同的模型，然后导入一个包罗万象的大叙事结构，再把这个大叙事结构当作生成框架"[①]。在此，这种二元中心论的具体方法就是"把研究对象看作一些结构成分，并从这些成分中找出对立的、联系的、排列的转换关系，认识对象的复合结构的一种分析模式"[②]。这样就形成了一个话语权威中心。如果说1968年的"五月风暴"是学生们为了冲破资本主义国家机器这个逻各斯中心的话，那么结构主义的失落则是必然的。以巴尔特为代表的结构主义者拒绝打破结构的稳定秩序，被学生们讥讽为"结构不上街"，而以德里达为代表的解构主义却成为时代的需要。"解构"这个时髦的词意味着对"中心"的怀疑和反叛。1966年德里

---

① Barthes, R. *S/Z*, translated by Richard Miller, New York: Hill &Wang, 1974, p.3.

② 张首映：《西方二十世纪文论史》，北京：北京大学出版社1999年版，第17页。

达在霍普金斯大学所宣读的论文《人文科学话语中的结构、符号和游戏》标志着解构主义的开端。按照德里达的观点，索绪尔的结构主义语言学是一种形而上学的神学中心论，原因是索绪尔局限于能指而忽略了整体，这种做法和神学中心主义的专断并无二致。后结构主义最重大的要义就在于否定中心，走向边缘。

第二，从整体到分散。结构主义的核心概念是系统结构，强调整体性。格雷马斯在《故事的结构分析》中，把神话归结为三大要素，其目的是为此类文本构建一个规范化的符号系统，以突出文本的整体性。而解构主义的目的就是把这个整体结构给摧毁，颠覆其严密的等级关系。正如德里达自己所说，"要解构二元对立，首先就要在特定的情况下将这种等级关系进行颠覆"[①]。这样一来，词语的意义不再是恒定不变的，而是在多个文本的语义网中被确定，并在区分和延宕中出现新的意义。从结构到后结构，其中一项运动就是从系统的整体变成分散的意义碎片。

第三，从意义到虚无。追寻文本的意义是结构主义和解构主义的共同之处，不同的是，结构主义旨在建立含具意义的结构以揭示文本的深层意义，而解构主义则旨在发现意义的存在并通过破坏恒定的、中心的意义从而使意义变得虚无。国内学者胡经之、王岳川曾指出："德里达用'意义链（meaning chain）'来取代'结构'，在他看来，意义链是敞开式的（open ended）、非目的性的，它排除了以为在系统中有一个具有统治作用的整体想法。又由于它既是空间的又是时间的，所以它本身就不会降到整体或对象的地位上去。"[②]后结构主义的意义是不确定的、游离的、敞开的，因此，从结构到后结构的另一项运动就是从意义到虚无。

从结构到解构的过程是意义的更深层次追寻，但并不是完全否认结构主义的分析方法。换句话说，解构主义在某种程度上来说是建立在结构的分析基础之上的。正如乔纳森·卡勒所说，"解构一个二元对立命题，不是要去摧毁它，扬弃

---

① Derrida, Jacques. *Positions*, Chicago: Chicago University Press, 1981, p.41.

② 胡经之、王岳川：《文艺学美学方法论》，北京：北京大学出版社 1994 年版，第 365 页。

它，而是将它重新刻写一遍"①。所以，我们可以这样说，无论是结构主义还是后结构主义，都关注意义，但侧重点不一样，结构主义关注深层结构意义，而后结构主义则试图破除终极的、恒定的意义。结构主义更注重二元对立，按照卡勒的说法则是"一切活动目标，不管是反思的还是诗意的，程式的还是模式的，都要对客体进行重建，都要用'元项对立'来进行重建"②。而解构主义则建立在消解逻各斯、破除结构的基础之上。换句话说，后结构主义的意义是外在的空间符号所生成的永无止境的"意义"。

表面上看，后结构主义是对结构主义的彻底反叛，然而，我们从巴尔特的理论出发，通过前后期的历时比较发现，结构与后结构其实并非天然互为否定，而是相互联系、逻辑承袭的。后结构是结构的一种变形。结构与后结构的互补关系体现在以下两个方面：

首先，结构主义与后结构主义在空间上是中心与边缘的互补。就如同一个椭圆（德里达语），前者处于中心位置，后者处于边缘位置。结构主义主要试图从历时和共时的角度找出一种普适的深层结构。从雅各布森、格雷马斯到巴尔特都是如此。他们强调的是文学语言进行共时性和历时性分析并找出两者之间的辩证关系。关于这一点我们也可从另一位俄罗斯结构文艺符号学家洛特曼那里找到蛛丝马迹。洛特曼认为，"文学语言是不同于自然语言的第二种语言，处于自然语言之上，它把自然语言系统中的符号因素——词素和音素语义化了，并变成了符号，文本因此可以作为自然语言的规则形成一系列符号供人们阅读和解析"③。

后结构主义者没有否定结构的作用，只是认为结构形成之后，并不是恒定不变的，如果停止时空上的运动，必将枯竭。德里达在《书写与延异》一书中，有

① Culler, J. *On Deconstruction: Theory And Criticism After Structuralism*, New York: Cornell University Press,1982, p.133.

② [美] 乔纳森·卡勒：《结构主义诗学》，盛宁译，北京：中国社会科学出版社 1991 年版，第 37—40 页。

③ 康澄：《文化及其生存与发展的空间——洛特曼文化符号学理论研究》，南京：河海大学出版社 2006 年版，第 11—14 页。

一篇名为"ellipsis"的章节,"ellipsis"是拉丁文,意为"不完整、节选"和"不完整的圆"。从这个词根而来的"ellipse"则是"椭圆"的意思。德里达借此表达后结构主义视域下的结构运动轨迹——在一个椭圆中从中心到边缘的不规则的离散。经过破裂、删除和变形,结构不再是初始状态的结构。可以说,后结构主义的突破与创新与结构主义的传统和权威并非绝对不可调和,它们被整合在一个无限大的椭圆里。

其次,结构主义与后结构主义在意义的表现上是在场与非在场的互补。结构主义不关注外部世界,把文本当作结构加以分析,因此,意义预设于潜在结构,描述结构即寻找意义。在结构主义看来,文本显然存在着某种固定的、恒定的、终极的现实存在,而这种现实存在在后结构主义看来是建立在"在场形而上学"之上的。德里达认为,"这个'在场形而上学'的要害就在于把词语当作了不幸而必要的透镜,透过它去看到真理,因此他要颠倒'在场形而上学',提出'文本之外,别无他物',文学必须只看成文字,词语必须看成词语,而不是真实、实在、权威或存在(在场)的显现"①。因此,结构主义的意义表现方式是在场的、显现的。而解构主义则是非在场的、隐现的。

总之,结构主义与后结构主义并非完全相异的两个概念。后结构主义的分析方法和研究基础并没有摆脱结构主义的影子。我们从巴尔特的思想嬗变历程中也可窥见一斑。那么,巴尔特文本观念的改变又体现在哪些方面呢?这不得不提他的好友克里斯蒂娃。应该说,是克里斯蒂娃介绍的巴赫金思想激发了他的科学野心。巴尔特骨子里的"革命性"使他勇于解构自己的概念网络以及重新思考文本的意义。弗朗索瓦·瓦尔在接受弗朗索瓦·多斯关于巴尔特的采访时说道:

> 你可以说他运用了佛陀的那种说法:"如果你想过河,就要找一堆木头,亲自做成筏子,然后把它仍回河中。"②

---

① 胡经之、王岳川:《文艺学美学方法论》,北京:北京大学出版社1994年版,第369页。
② [法]弗朗索瓦·多斯:《解构主义史》,季广茂译,北京:金城出版社2012年版,第72页。

巴尔特辐辏于克里斯蒂娃"文本间性"的概念，开始关注于差异和多元。此时的他开始思考索绪尔符号的问题：能指与所指之间的不确定性（前期的符号学系统的构建为此奠定了基础）。巴尔特的改变源于他想努力解构西方话语权威中心。如果说德里达的落脚点是哲学，那么巴尔特则把落脚点拉回文学。对此，他重新回到索绪尔那里，去找新的突破：

> 现在我们必须持续战斗，努力粉碎符号的固定观念，它不是能指与所指的僵化对应，我们可以将此操作过程看做是记号分解（semioticlastie）。[1]

在这个分解的过程中有两个方向：一是抛开所指的空洞能指（日本的"帝国符号"），二是文本的永不终结，即意义的敞开与不确定（此概念来源于德里达）。我们可以将巴尔特的变化归纳为两方面：①由语言中心走向边缘，由内部走向外部；②吸收了精神分析学，由从语言学绕回"文学"。

## 第二节　阅读符码与文本阐释

1968 年法国的"五月风暴"对巴尔特的思想产生了一定的影响。德里达式的解构使巴尔特清楚定位自己的写作意愿——自由表达主观性和差异性，摆脱符码和形式系统的束缚。为此，在后结构主义阶段，巴尔特提出了"可读文本"与"可写文本"这对概念。他尝试一些微观的文本分析，指出现实主义文本中的结构多格扎（doxa）——五种符码。本节将阐述巴尔特五种符码的读解和他后期的重要概念——文本间性。

---

[1]　Barthes, R. *The Grain of the Voice, Interviews1962-1980*, translated by Linda Coverdale, Evanston, Northwestern University Press, 2009, p.103.

### （一）可读文本与可写文本

1968 年，法国《占卜术》杂志上刊登的巴尔特题为《作者之死》的文章引起了法国文坛的强烈反响。巴尔特这个似乎有些武断的口号颠覆了作者至上的神话。传统的文学批评把作者放在绝对中心的地位，把"日常文化中所能找到的文学意象，都无一例外地集中在作者方面"[①]。作者的意图、作者所传达的意义是固定的、僵化的。而古典文学批评、实证主义传统都努力维护这一逻各斯中心，这样的后果是限制了文学文本意义的生成。在巴尔特看来，"'作者'已经失去了过去所认可的对其作品的'自然'权力，而让位于'写作'，而'写作'是一种非实体、无主体的一种言语活动。因此，传统文学中的作品生产者与作品'意义'创始者的'作者'必须'死亡'"[②]。在《作者之死》的结尾，巴尔特大胆宣布，"读者的诞生应该以作者的死亡为代价"[③]。那么，我们不禁要问：巴尔特为什么要解放读者呢？我们可以从两个方面来看，第一，"读者"的诞生代表"构成写作的所有引证部分得以驻足的空间"[④]的解放。巴尔特在谈及读者的诞生时写道：

> 文本是由具有双重意思的词构成的。每个人物都可以从一个方面去理解（这种经常的误解恰恰正是"悲剧性"）；然而，却有人可以从两个方面去理解同一个词，甚至——如果可以这样说的话，去理解在其面前说话的所有人物的哑语：这个人便正好是读者（在此也可以说是听众）。于是，写作的全部存在状态便跃然纸上：一个文本是由多种写作

---

① Barthes, R. *The Death of The Author,* in *Image, Music, Text,* Edited and translated by Stephen Health, New York: Hill & Wang, 1978, p.143.

② 钟晓文：《符号·结构·文本——罗兰·巴尔特文论思想解读》，厦门：厦门大学出版社 2012 年版，第 137—138 页。

③ Barthes, R. *The Death of The Author,* in *Image, Music, Text,* Edited and translated by Stephen Health, New York: Hill & Wang, 1978, p.148.

④ ［法］罗兰·巴尔特：《作者之死》，载《罗兰·巴特随笔选》，张智庭译，天津：百花文艺出版社 2005 年版，第 301 页。

构成的，这些写作源自多种文化并相互对话、相互滑稽模仿和相互争执；但是，这种多重性却汇聚在一处，这一处不是至今人们所说的作者，而是读者……读者是无历史、无生平、无心理的一个人；他仅仅是在同一范围之内把所有构成作品的所有痕迹汇聚在一起的某个人。[①]

第二，读者的诞生即新的意义的诞生，新的意义的诞生必须要消解掉作者的中心地位，作者的思想观念和创作意图不再是读者的焦点。这样一来，读者从传统的客体变成了主体，参与意义的生成，文本就是敞开式的，意义是复数的。读者可在多元文化当中进行选择，这种把自由还给读者的革命性过程使读者成为主人，使读者"欢愉"。

"作者已死"的宣言标志着读者的诞生。这是对传统文学批评的一个有力反驳。因此，巴尔特启用了一个新术语"可读文本"来称呼"抬头而读"[②]。在他看来，几个世纪以来，批评家过度关注作者而忽略了读者。他们往往从作者内省的角度阐述作品背后的意义，而这种做法所产生的后果就是"阅读"被驱散，"确定了一个极其独特（虽已陈旧不堪）的系统：作者被视为作品的永久主人，而我们这些读者则只享有可读的权利"[③]。可读文本就如今日计算机存储的"只读文本"，读者无法对其进行修改编辑。在巴尔特看来，这是一种居高临下的"权势"（和福柯所反抗的一样），它强迫读者接受其固定意义，巴尔特把这种意义称为"权力意义"，丝毫不顾及读者的感受。而阅读实际上也是一种写作，是读者阅读之际写于自身的文本，它驱散、散播、延宕（德里达的概念）。阅读都出自超越个体的形式，是一种游戏，因为它自由理解文本：

　　不存在阅读的客观的和主观的真理，而只有游戏的真理：又，游戏

---

① Barthes, R. *The Death of The Author*, in *Image, Music, Text*, Edited and translated by Stephen Health, New York: Hill & Wang, 1978, p.148.

② 此处指的是读完之后的凝思。

③ [法]罗兰·巴尔特：《写下阅读》，载《S/Z》，屠友祥译，上海：上海人民出版社2000年版，第51页。

再次不能理解为消遣，必须看做一桩工作——但那儿劳作的艰辛烟消云
散了：阅读，就是使我们的身体积极活动起来（自精神分析出，我们明
白这身体大大超越了我们的记忆和意识），处于文本之符号、一切语言
的招引之下，语言来回穿越身体，形成句子之类的波光粼粼的深渊。[①]

与可读文本相对应，另一种文本是能引人写作的。巴尔特称之为"可写文本"。
可写文本是有价值的，因为"文学工作的目的是令读者成为新文本的生产者，而
不只是消费者"[②]。古典文本（classical text）只能引人阅读，不是可写文本，只
能是可读文本。那么可写文本存在于何处呢？巴尔特认为，"能引人写作的文本，
不是现成品，我们不可能在已有的文献中找到。可写的文本属于生产式的模式，
而不是再现式，它排除一切批评……只在于分离它，拆开它，在永无止境的差异
中生产着。可写文本就是永远的在场，一切终极意义的东西都与它无关，可写文
本，是写作着的我们"[③]。那么，可写文本具体有哪些方面呢，巴尔特表示，一
切写实小说、无韵之韵文、无风格之写作、无结构之构造活动等均属于此类，而
可读文本是产品，它构成了我们文学的主体。

总之，可读文本是排斥多义性的，其能指与所指是单一对应的，其意义是先
验的、预设的；而可写文本则是充满"复数"意义的，读者参与生产、创造、增
补等。可写文本具有很强的生命力，因为它能让读者"愉悦"。在第一章里，我
们分析了巴尔特符号系统的四对二元，其中最有创造力的"直指与涵指"在此处
似乎显现出了它的用途——涵指为文本意义的复数提供了生产空间，是读者创造、
写作的源泉。涵指，我们在此处改一个称呼，把它叫作"含蓄意指（connotation）"
以区别于"signification"这个词，虽然这两者的概念并无明显差异，只是后者指
文学文本语境下的多义性。那么到底何谓含蓄意指呢？巴尔特从两方面加以论述。

---

① [法]罗兰·巴尔特：《写下阅读》，载《S/Z》，屠友祥译，上海：上海人民出版社 2000
年版，第 52—53 页。

② Barthes, R. *S/Z*, translated by Richard Miller, New York: Hill & Wang, 1974, p.4.

③ Barthes, R. *S/Z*, translated by Richard Miller, New York: Hill & Wang, 1974, p.5.

首先，从特性来看，它是一种确定（determination）、关联（relation）、照应（anaphora）以及有权力使自身与先前的、未来的、外部的意图或文本的另一面相关联的特征。它是文本之间相交的轨迹，但它不同于观念的联想（association）。区别为：后者指的是某一个主题的系统，而前者指的是文本内在的关联或者说在其自身系统内通过文本作为主题的联想。从拓扑学上来讲，含蓄意指就是意义，这种意义既不是写就文本的语言的字典意义，也不是语法层意义，而在于隐喻与转喻作用之后的复数性。含蓄意指从分析上来说是功能的横组合与纵聚合之联结；从历史上来说，含蓄意指确立了具有历史时代意义的所指文学；从意识形态来说，含蓄意指参与制作古典文学的神话（此处直接意指已经不是原初意义了，见本书第二章所分析的）。那么，含蓄意指在文本分析中是否显得必要？答案是肯定的。要获得文本复数的意义，读者参与写作就必须赞同含蓄意指。[①]

## （二）五种符码

无论是结构主义阶段还是所谓的后结构主义阶段，巴尔特都把精力集中在文本的细读上。在第三章论述了他的叙事文本的结构分析，这种模式适用的普遍性主要体现在内部，它不关注外部的东西以及文本之前的互涉。如果要获得文本的复数意义，则必须暂且搁置叙事结构分析的方法，尤其是对于独特的文本（如巴尔扎克的《萨拉辛》），其含具的种种意蕴不是叙事结构分析方法能一劳永逸地解决的。那么，这个时候就有必要对其做注。这正是研究这类文本细枝末节的必经之处。关于这种过程巴尔特这样概括：

> 如果我们要研究此类文本（指独特的文本）直至彻底，就需要从叙事结构分析受阻的地方入手，在其主要结构之处，获得一种沿着意义线索回溯的能力（时间，可腾挪的空间），不至于抛弃能指的位置，也不用努力确定其代码或处于其起点或终点的各类代码。这就以另外一种模式取代了纯粹的再现模式（至少我们希望如此，并朝这努力），另一种

---

① Barthes, R. *S/Z*, translated by Richard Miller, New York: Hill & Wang, 1974, pp.6-9.

模式的渐次推进，将保证古典文本的多产性。对于这种步步渐进的方法，虽然很慢而且比较分散，但能解放受约束的文本，为其描画一幅永恒的画像：它只是阅读工作的一种分解（decomposition）（借用电影的术语），可说是个慢镜头，既不是整体的影像，也不是整体的分析，最终，它恰恰是评注这一写作本身，讲到底，它是漫谈（degression）的系统使用。①

不难看出，此处巴尔特是想为自己阅读古典文本的新方法发一份免责声明：这种方法不再逻辑再现文本内部的结构系统规则，而只是一种"漫谈"。而这种方法，主要以评注的方式出现。在阅读古典文本的时候，首先必须找出它的功能单元，即被切割为一连串碎片的功能，巴尔特称之为"区别性阅读单元（lexis）"。每个阅读单元散漫地拼接，由此形成一些语义材料。这些单元按照其功能来划分，可以分为五种：阐释符码（hermeneutic code）、意素符码（seme code）、象征符码（symbolic code）、布局符码（proairetic code）以及文化符码（cultural code）。巴尔特认为，文本的一切所指均可按照这五种符码来分类，而且除此以外，别无其他，每个阅读单位，都可在这五种符码中找到自己的位置。这五种符码界定如下：

（1）阐释符码旨在列出各种正式的术语，通过此举，某个谜被区分、暗示、构筑，继而拖延，最终解开，这些术语不会经常出现，但它们会被重复提及，也不会以固定顺序出现。以巴尔扎克的《萨拉辛》为例，首先，标题萨拉辛便会唤起读者的猜想：萨拉辛指的是什么？是人的名字、地名，还是事物？如果是人名，是男人还是女人？依据后面的阅读，谜底得以解开。根据巴尔特的分类，阐释符码的阐释素（依据词素、语义素、神话素等概念类推）包含以下几种：①主题化（提出谜的主题）；②提出（布谜、埋伏笔）；③谜的声明；④谜破解的承诺（例如借主人公的口引诱解答）；⑤伏笔；⑥含混（多义性）；⑦设置悬念（承认谜解不开）；⑧终止解答；⑨部分解答；⑩解谜。②

---

① Barthes, R. *S/Z*, translated by Richard Miller, New York: Hill & Wang, 1974, p.12.

② Barthes, R. *S/Z*, translated by Richard Miller, New York: Hill & Wang, 1974, pp.209-210.

（2）意素符码是一种交代，指明构筑文本意义的确定所指，有时候它预先固着在文本各处，以创造性格、转义、环境、象征等。比如萨拉辛（Sarrasine）这个名字在法文中暗含女性所指，因为词尾 e 为阴性词词素，后面读者明白萨拉辛是个人妖歌手，这是作者故意设置的转义。巴尔特指出，意素是含蓄意指的所指，是"每个人、处境、对象的涵指项，其中所指项是对性格、情志的描述"①。

（3）象征符码是对照范围的引子单位，是多元复合性与可逆性的专有领地，其首要任务是表明此区可自任何一处进入，是诸多置换与变体的全部空间。一般故事发生的地点、特定时间下的场景描写均为象征符码。

（4）布局符码包括情节符码和行为符码，它由诸多序列组成，而序列则以清单形式标示出来，布局符码帮助读者积聚信息，它隐含人类行为的某种逻辑。比如当描写主人公躲藏在花坛后面，则情节符码提示：不想被发现。情节和行为（某个连贯动作的描述）是构筑文本意义的必然单元。

（5）文化符码则是对科学、集体记忆、文化的引用，如物理学、心理学、医学、生理学、文学、历史等，如文中引用的谚语、特定的历史、物理学结果等均属此类。文化符码，"可以说是意识形态的碎片，将其分类的来源转化为自然而然的引证关系，转化为谚语式的标注"②。

这五种符码构成了一张网络、一个主题，贯穿于整个文本当中。换句话说，文本是这五种符码编织的结果。这五种符码缺一不可，每一种符码都是一种力量、一种声音，它们是文本织物的材料。这五种符码都唤起读者的个人经验。因此可以说，这五种符码都有画外音（off-stage voice），它们是先验的。在文本编织的过程中，符码的声音引发出联想，任何一种声音的缺席将可能导致文本不被理解。理解的过程即写作，是一个立体的空间，这五种符码、五种声音相互交织，它们分别对应经验的声音（布局符码）、个人的声音（意素符码）、科学的声音（文化符码）、真相的声音（阐释符码）以及象征的声音（象征符码）。

---

① Barthes, R. *S/Z*, translated by Richard Miller, New York: Hill & Wang, 1974, p.191.

② Barthes, R. *S/Z*, translated by Richard Miller, New York: Hill & Wang, 1974, p.19.& pp.97-98.

意义是符码的起点、符码的引述。事实上，这五种符码可以有若干子项目，分析者可以以不同的术语来表示。巴尔特在1971年发表的文章《关于〈使徒行传〉第10—11章的叙事结构分析》[①]中，就曾界定过以下符码：①叙事符码（narrative code），指涉一切叙事的开端；②拓扑地学符码（topographic code），指涉关于叙事中有关地点的系统性组织；③专有术语符码（onomastic code），此符码指涉有关专有名词；④历史符码（historic code），它包含一种历史知识或指涉政治的、社会的、行政的各种信息；⑤修辞学符码（rhetoric code），指涉一种一般命题、一个所指；⑥行动位符码（actional code）；⑦时序符码（chronological code）；⑧寒暄符码（phatic code）；⑨奥秘学符码（anagogic code）；⑩元语言符码（meta-linguistic code）。[②]毫无疑问，这些符码都可以归纳在五种基本符码之中，如叙事符码和行动位符码可归为布局符码；拓扑地学符码可归为象征符码；专有术语符码、历史符码可归为文化符码；时序符码、寒暄符码可归为意素符码；奥秘学符码、元语言符码可归为阐释符码等。总之，这些符码彼此交织，共同构筑文本的意义。

## 第三节　文化文本的功能符码：以莫言小说《放鸭》为例

在进行文本分析之前，我们有必要区分一下结构分析和文本分析。文本分析不同于结构分析，按照巴尔特的理论，结构分析适用于口头叙事，而文本分析则适用于书写叙事。"文本分析不企图描述一部作品的结构，它致力于产生一种文本运动的结构化作用（历史上看，结构化作用，在不同读者之间是不断改变的），它不解决文本的决定因素，而是探索文本是如何瓦解和解散的；文本分析不企图

---

① 该文收录于《符号学历险》一书当中。

② Barthes, R. *The Semiotic Challenge*, translated by Richard Howard, New York: Hill & Wang, 1988, pp.231-237.

穷尽所有意义，其目的在于最终能设想、想象、激活文本的多元性，其意义过程的开放性。"[1]

莫言的短篇小说《放鸭》写于1982年。之所以选取他的作品进行文本阐释，并非单纯因为他是第一位获得诺贝尔文学奖的中国本土作家，而是这则故事能较好地体现文本分析的方法。下面将以评注的形式来标明这则文本的符码问题。

　　《放鸭》[2]

　　★阐释符码：作者提出一个谜：放鸭绝非放鸭这个动作过程的描述，肯定有所指，此谜团有待解开。

　　　　青草湖里鱼虾蕃多，水草繁茂。青草湖边人家古来就有养鸭的习惯这里出产的鸭蛋个大双黄多，半个省都有名。有些年，因为"割资本主义尾巴"，湖上鸭子绝了迹。这几年政策好了，湖上的鸭群像一簇簇白云。

　　★象征符码：引起联想：湖、鱼、虾、湖边人家，方位的布局等。
　　★★意素：农村；生活状态：非富有。
　　★★★文化符码："割资本主义尾巴"，唤起历史记忆，不熟悉此历史的读者则存在阅读障碍，文本意义理解受阻。
　　★★★★布局符码：情节：铺垫（政策好了）。

　　　　李老壮是养鸭专业户，天天撑着小船赶着鸭群在湖上漂荡。沿湖十八村，村村都有人在湖上放鸭。放鸭人有老汉，有姑娘，大家经常在湖上碰面，彼此都混得很熟。

---

　　① Barthes, R. *The Semiotic Challenge*, translated by Richard Howard, New York: Hill & Wang, 1988, p.262.

　　② 莫言：《姑妈的宝刀》（短篇小说选），上海：上海文艺出版社2012年版，第21—25页。

★意素：男性（李老汉），女性（姑娘）。

★★布局符码：李老汉的工作、村里人的称呼、彼此熟悉。

　　春天里，湖边的柳枝抽出了嫩芽儿，桃花儿盛开，杏花儿怒放，湖里长出了鲜嫩的水草，放鸭人开始赶鸭子下湖了。

★象征符码：湖边春天的景色桃花、杏花、水草、鸭子下湖的画面。

★★意素：暖。

　　湖水绿得像翡翠，水面上露出了荷叶尖尖的角。成双逐对的青蛙嘎嘎叫着。真是满湖春色，一片蛙鸣。老壮一下湖就想和对面王庄的放鸭人王老头见见面，可一连好几天也没碰上。

★象征符码：联想画面，尖尖（A/B）（可与圆圆的对应）

★★意素：欣欣向荣

★★★阐释符码：为什么老壮一下湖就想和王老头见面？谜1：见面目的？谜2：为什么没碰上王老头？（引发猜测：王老头远出？生病？失踪？死亡？）

★★★★布局符码：行为：下湖，赶鸭。

　　这天，对面来了个赶着鸭群的姑娘。姑娘鸭蛋脸儿，黑葡萄眼儿，渔歌儿唱得脆响，像在满湖里撒珍珠。

★布局符码：情节：来了个姑娘。行为：赶鸭。

★★象征符码；引起联想：姑娘的外貌（A/B 对照）等。

★★意素：美丽，淳朴，善音乐。

★★★文化符码：渔歌儿：民族性。

　　两群鸭子齐头并进，姑娘在船上送话过来：

　　"大伯，您是哪个村的——"

"湖东李村，"老壮瓮气瓮气地回答，"你呐？姑娘。"

"湖西王庄。"

"老王呢？""老了，退休了。"姑娘抬起竹篙，用力一撑，小船转向，鸭群拐了弯儿。

"再见，大伯！"他们就这样认识了。

★象征符码：齐头（A/B 对照）、"在船上送话"位移性，引发联想。

★★意素：融洽、礼貌（您、大伯）。

★★★阐释符码：交代住址有何所指？

★★★★布局符码：情节：相识。

★★★★★文化符码：惯用语：老王（小王姑娘的父亲）。

有一天，老壮又和姑娘在湖上碰了面。几句闲话之后，姑娘郑重其事地问：

"大伯，你们村有个李老壮吗？"

老壮愣了一下神，反问道：

"有这么个人，你问他干什么？"

姑娘的脸红了红，上嘴唇咬咬下嘴唇，说：

"没事，随便问问。"

"不会是随便问问吧？"老壮耷拉着眼皮说。

"这户人家怎么样？"姑娘问。

"难说。"

"听说李老壮手脚不太干净，前几年偷队里的鸭子被抓住，在湖东八个村里游过乡？"

"游过。"老壮掉过船头，把鸭子撵得惊飞起来。

★布局符码：情节：碰面、问答；行为：咬嘴唇、耷拉着眼皮。

★★阐释符码："愣了一神"谜 1：为何惊愕？姑娘打听李老壮的背景；谜 2：

为何问？她与打听的对象将是何关系？"把鸭子攥得惊飞起来"；谜3：李老壮为何这样？

★★★意素：唐突（红脸）、愤怒（攥得鸭子惊飞）。

★★★★文化符码：历史：游乡（一种处罚方式）。

　　姑娘提起的这件事戳到了李老壮的伤心疤上。"四人帮"横行那些年，上头下令，不准个人养鸭，李老壮家那十几只鸭子被生产队里"共了产"，老壮甭提有多心疼了。家里的油盐钱全靠抠这几只鸭屁股啊！那时，村子里主事的是一个好吃懒做的主任，"共产"来的鸭子，被他和他的造反派战友们当夜宵吃得没剩几只了。老壮本来是村子里有名的老实人，老实人爱生哑巴气，一生气就办了荒唐事。他深更半夜摸到鸭棚里提了两只鸭子——运气不济——当场被巡夜的民兵抓住了。

★阐释符码：解谜：李老汉为何"手脚不干净"。

★★文化符码：历史：四人帮、共产。

★★★布局符码：情节1：鸭子被共产；情节2：鸭子被吃；情节3：李老汉"偷"鸭；情节4：李老汉被抓。行为：抓鸭、吃鸭。

★★★★意素符码：无辜。

　　主任没打他，也没骂他，只要把两只鸭子拴在一起，挂在他的脖子上，在湖东八个村里游乡。主任带队，一个民兵敲着铜锣，两个民兵端着大枪。招来了成群结队的人，像看耍猴的一样。为这事老壮差点上了吊。

★布局符码：行为1：栓鸭子；行为2：把鸭子挂在李老汉脖子上；行为3：敲锣鼓；行为4：端枪；行为5：招来人群。

★★意素符码：羞辱。

　　姑娘提起这事，不由老壮不窝火。从此，他对她起了反感。他尽量避免和她碰面，实在躲不过了，也爱理不理地冷淡人家。姑娘还是那么热情，那么开朗。一见面，先送他一串银铃样的笑声，再送他一堆蜜甜的大伯。老壮面子上应付着，心里却在暗暗地骂：瞧你那个鲤鱼精样子，浪说浪笑，不是好货！

★阐释符码：解谜：为何老汉不悦。引逗：姑娘不知情，后果？

★★文化符码：民族神话：鲤鱼精。

★★★布局符码：情节1：窝火；情节2：反感；情节3：冷淡；行为：笑、称呼、应付。

★★★★意素符码：姑娘：开朗；老汉：刻薄。

一转眼春去夏来，湖上又换了一番景色。荷田里荷花开了，湖里整日荡漾着清幽的香气。有一天，晴朗的天空突然布满了乌云，雷鸣电闪地下了一场暴风雨。李老壮好不容易才拢住鸭群，人被浇成一只落汤鸡。暴雨过后，天空格外明净，湖上水草绿得发蓝，荷叶上，苇叶上，都挂着珍珠一样的水珠儿。在一片芦苇边上，老壮碰到了十几只鸭子。他知道这一定是刚才的暴风雨把哪个放鸭人的鸭群冲散了。"好鸭！"老壮不由地赞了一声。只见这十几只鸭子浑身雪白，身体肥硕，像一只只小船儿在水面上漂荡，十分招人喜爱。老壮突然想起在湖西王庄公社农技站工作的儿子说过，他们刚从京郊引进了一批良种鸭，大概就是这些吧？老壮一边想着，一边把这十几只肥鸭赶进自己的鸭群。

★象征符码：引发联想：荷塘、荷花、乌云、下雨、鸭子被淋湿的形状、水草等。

★★阐释符码：布谜：农技站工作的儿子出场起什么作用？、京郊良种鸭是谁的？

★★★布局符码：情节1：李老汉被淋雨；情节2：李老汉碰到鸭子；行为：把鸭子赶到自己的鸭群。

★★★意素符码：狼狈、可爱。

★★★★文化符码：历史：公社。

第二天，老壮一进湖就碰上了王庄的放鸭姑娘。

"大伯，你看没看到十几只鸭子？昨儿个的暴风雨把我的鸭群冲散了，回家一点数，少了十四只。是刚从农技站买的良种鸭，把我急得一夜没睡好觉呢！"

"姑娘，你可是问巧了！"？老壮看到姑娘那着急的样子，早已忘记了前些日子的不快，用手一指鸭群，说："那不是，一只也不少，都在我这儿昵。"

"太谢谢您啦，大伯。我把鸭赶过来吧？"

"我来。"李老壮挥动竹篙，把那十四只白鸭从自家鸭群里轰出来。放鸭姑娘"呷呷"的唤着，白鸭归了群。

★阐释符码：解谜：京郊良种鸭的主人；洗白：李老汉传言与事实的冲突。

★★布局符码：情节1：老壮遇上王姑娘；情节2：暴风雨冲散鸭群；情节3：李老汉归还鸭子；行为：李老汉轰鸭，姑娘唤鸭。

★★★文化符码：民族性：农技站。

★★★★意素符码：善良、无辜（李老汉）。

"大伯，咱们在一个湖里放了大半年鸭子，俺还不知道您姓甚名谁呢！"姑娘把小船撑到老壮的小船边，用唱歌般的发音发问。

"姓李，名老壮！"

"呀！您就是苇林、李苇林，不，李技术员的……"

"不差，我就是李苇林他爹，"李老壮胡子翘起来，好像和姑娘斗气似的说，"我就是那个因为偷鸭子游过乡的李老壮！"

姑娘又一次惊叫起来。她双眼瞪得杏子圆，脸红成了一朵粉荷花。

★阐释符码：解谜：老伯的真实身份、王姑娘与李老汉儿子的关系。

★★布局符码：情节 1：王姑娘的发问；情节 2：李老汉的回答；情节 3：姑娘惊讶。

★★★象征符码：引发联想：（李老汉）胡子翘起来、（王姑娘）眼和杏子的对照、脸和荷花的对照。

★★★★意素符码：尴尬（王姑娘），得意（李老汉）。

★★★★★文化符码：历史性：游乡。

"大伯，谢谢您……"她匆匆忙忙地对着老壮鞠了一躬，撑着船，赶着鸭，没命地逃了。

"姑娘，你认识我家苇林？见到他捎个话儿，让他带几只良种鸭回来！"李老壮高声喊着。

一片芦苇挡住了姑娘和她的鸭群。

李老壮长舒了一口气，感到十分轻松愉快。他自言自语地说："这姑娘，真好相貌，人品也好，怪不得人说青草湖边出美人呢！"

★★布局符码：情节 1：王姑娘的尴尬离去；情节 2：李老汉的请求；行为：撑船、赶鸭、逃、喊、舒气、自言自语。

★★★象征符码：芦苇与鸭的位置，引发湖面视线的联想。

★★★意素符码：尴尬（王姑娘），得意（李老汉）。

★★★★文化符码：科技常识：芦苇挡住视线。

如此，我们便将此短文切分成了 15 个读解单元，并将这 15 个单元中所涵盖的五种符码进行了解析。按照巴尔特的说法，这种现实主义文本是在解析一个真相命题。而此命题是一个结构完整的句子，它包含主语（谜的主题）、问题的陈述（正式表达）、问号（谜的提出）、若干从句、插入语、催化单元（吊胃口）以及最后的谓语（谜被破解）。[①] 那么我们可以用图 4.1 来表示《放鸭》

---

① Barthes, R. *S/Z*, translated by Richard Miller, New York: Hill & Wang, 1974, p.84.

中的解谜句法：

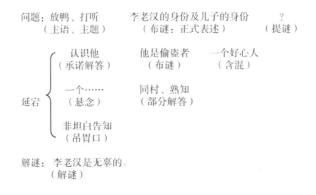

**图 4.1 《放鸭》的文本分析**

## 第四节 文化文本的特性：互涉性、多义性、生成性和开放性

文化中的文本是一种意识形态的集合，但这种意义集合不是固化的、僵死的。文化文本的读解如果要获得意义最大化，那就必须敞开文本，作者退场，读者至上。巴尔特的后期文本观和巴赫金的"复调"结构和"狂欢化诗学"有着异曲同工之妙——文本的特性表现为互涉性、多义性、生成性和开放性。

### （一）互 涉 性

"互涉性（intertextuality）"国内学者多译为"互文性"，此术语主要由克里斯蒂娃在 1966 年左右把巴赫金的理论介绍到法国的时候所创。克里斯蒂娃是在她的论文《巴赫金：词语、对话和小说》、《封闭的文本》和《文本的结构化问题》中首次提到这个概念的。"互文性主要强调文本与文本之间的互相依赖、互相依存的关系，因此也被称为文本间性。虽然每个文本都具有复杂性（complexity）和异质性（heterogeneity），在某种意义上可以看作一个独立存在，但任何一个文本都不能脱离其他文本而单独存在，任何一个文本的意义都需要依赖其他文本的意义阐释。"① 克里斯蒂娃 1969 年在其《符号学》一书中谈道，"每一个文本都把自己建构为一个引用语的马赛克，都是对另一个文本的吸收与改造"②。事实上，互文性概念并非全新的术语，在巴赫金、艾略特等人的著作中都可以找到这种关于文本互涉的论述。正如国内学者指出的那样，"互文性本质上是文本之间的对话"③。而互文性也存在狭义的互文性以及广义的互文性之分，前者以若纳特为代表，他认为互文性是指一个文本与存在于此文本中的其他文本之间的一种有机联系，广义互文性以德里达、巴尔特为代表，他们认为"文本与赋予该文本意义的所有符号之间的关系，它包括对该文本意义有启发价值的历史文本及围绕该文本的文化语境和其他社会意指实践活动，所有这些构成了一个潜力无限的知识网络，时刻影响着文本创作及文本意义的阐释"④。

由此看来，巴尔特互文性的概念是广义上的，和巴赫金、德里达、克里斯蒂娃同出一脉。巴尔特在他的著名论文《文本理论》中，是把此概念放到文际关系当中来论述的，他这样描述道：

> 文本重新分配语言（它本身是这种重新分配的领地）。这种解构和重构的途径之一就是交换文本和已经存在或现存于其空间周围的文本碎片，最终在文本内部被整合：任何文本都是一个互文本；其他文本在不同的层面、以或多或少可辨认的形式呈现于其中；先前的文本和周围的文化、任何文本都是过去的引文的新织物。代码的碎片、套话、韵律模式、社会语言的片段等都传入文本之中，在其内部重新分配，因为在文本之前及周围存在着"语言"。互文性，一切文本的条件，无论怎样，显然不能削减至起源或影响的问题；互文本是匿名套话的

---

① 徐文培、郭红：《互文性视域中的文学研究与文化研究》，载《外语学刊》2010 年第 1 期，第 130 页。

② 转引自冯寿农：《文本·语言·主题》，厦门：厦门大学出版社 2001 年版，第 18 页。

③ 李小坤、庞继贤：《互文性：缘起、本质与发展》，载《西北大学学报（哲学社会科学版）》2009 年第 4 期，第 153 页。

④ 董希文：《文学文本理论研究》，北京：社会科学文献出版社 2006 年版，第 234 页。

总体场所。而这种套话你无法在固定位置找到原型，它是一种无意识的、不加引号的自动引用。①

巴尔特多次提到文本是"织物"，主体在文本的中间就像蜘蛛融化在其自身的网络之中，是"网中的自我"。文本分析中的五种符码交织是文本互涉的具体表现。比如说文化符码，我们人类经验世界当中的一切文化在构筑文本的时候都是无意识的互相交织，如果读者对于文本传递的文化符码无法读解，那么意义的传递就失效了。一切文本的互涉性都是潜在的，你可以说你创作的文本内容是新的，但是无法摆脱旧的、周围的、先验的文本结构的影响。例如，我现在"写着"巴尔特的文本理论虽然是我构筑的，具有新的意义的文本，但是我互涉着巴尔特的所有文本以及在我的文本形成之前所有研究巴尔特的文本，除此之外，还有我周围的文本。而巴尔特的文本又互涉索绪尔、雅各布森、巴赫金、列维–斯特劳斯、格雷马斯、马拉美、德里达的文本。这些有些是显性的，加了引号；有些则是隐性的，虽然没加引号，但同样互涉文际关系。比如我今天的写作手法、语言风格、文本结构都潜在地带有同时代其他人的影子。我们似乎可以用图来描述这一织物：

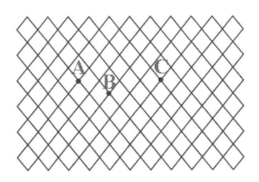

A：巴尔特以前的文本　B：巴尔特的文本　C：我的文本

图 4.2　文本互涉关系的"织物"

--------

① Barthes, R. *The Theory of Text*, in Robert Young, *Untying The Text: A Post-Structuralist Reader*, Boston, London & Henley: Routedge & Kegan Paul, 1981, p.39.

我们还有一个问题必须提及，那就是互文性在结构主义与解构主义阶段的差异性问题。在后结构主义（解构主义）看来，"互文性"是结构主义深度模式的替代品，而结构主义视域下的互文性有四层意思：第一，文学文本内部的各符号、系统、语言、文化等并不是单一的，它们与其他文本、语境的知识话语体系有着复杂的联系；第二，读者的知识结构、认知结构具有相通性又具有差异性，这是基于人类认知经验世界的理解结构；第三，互文在阅读过程中成递进未完成状态，不同话语系统和文化背景相互交织，产生新的"互文"；第四，读者、批评家的批评与再批评产生一种书写的"互文"①。而后结构主义思潮"虽然一反结构主义的封闭、稳定文本观，但其颠覆的工具仍是文本间的复杂联系，它是从结构主义所忽视的地方开始建构其理论的，她解释了文本意义的不确定性与游移性"②。正如国内学者陈永国所说，结构主义与后结构主义在互文性概念上只是出发点不同而已，"互文性的批评的惊人之处在于它的双向作用：一方面，结构主义可以用互文性概念支持符号科学，用它说明各种文本的结构功能，说明整体内的互文关系，进而揭示其中的互文性的文化内涵，并在方法论上替代线性影响和渊源研究；另一方面，后结构主义或解构主义者利用互文性概念攻击符号科学，颠覆结构主义的中心关系网络，破解其二元对立系统，揭示众多文本中能指的自由嬉戏现象，进而突出意义的不确定性"③。那么，巴尔特的互文性到底是结构主义遗留的痕迹还是解构的新批评呢？我认为，两者皆有。

首先，巴尔特关于五种符码的阐述是基于结构主义的分析方法之上的，并且他的互文性概念是广义的，揭示了文本内部的文字符号以及意义单元之间的互涉关系；其次，巴尔特一直倡导文本意义的多元、含蓄意指的不确定性、开放性等，明显带有解构主义的痕迹。或许可以说，结构主义与解构主义在互文性这个概念上没有明显切割，所以也无所谓区分此互文性概念的归属问题。必须指出，互文本的概念与语境（context）不同，语境指涉上下文之间的关系，其功能

① 张首映：《西方二十世纪文论史》，北京：北京大学出版社1999年版，第432页。

② 董希文：《文学文本理论研究》，北京：社会科学文献出版社2006年版，第232页。

③ 陈永国：《互文性》，载《外国文学》2003年第1期，第75—81页。

是减少语言的多义性，将意义由浮动导向静止，而互文本则视语言为一种扩散（dissemination），互文本扩大了文本的范围，使文本涵盖了社会的层面，以论述方式进入社会的运作之中。

## （二）文本的复数与生产性

在巴尔特看来，文本是复数的，是可生产的。文本不是一个静态的或劳动的产品，而是一种生产的场所。生产者（读者）与作者在此会合，破除了意义的单一性。不论我们在何时何地观察文本，文本都处于一种运作的过程当中。这种运转解构了语言符号能指与所指的单一对应，重组成一种高密度语言，使得结构动力化。因此，我们可以概括地说，巴尔特对文本意义的界定有以下特性：无限生成性、动态性以及不确定性。其语言哲学思想反映了他"怀疑主义理性思辨"的立论取向和对"存在主义"认识论的反拨，也跳出了德国形而上学的樊篱，表现出一种独特的"新尼采主义"倾向。

## （三）文本意义的无限生成性

意义是无限生成的，文本（包括大众文化话语文本、文学文本）的系统结构本质上也是一种语言结构，其符号学系统却比语言系统复杂。符号学系统是第二系统，语言学系统是初级系统，两个系统之间的关系式嵌套关系。但是，在第二系统中可以有两个区分：在意指过程中，一个平面层构成另一个表达层的能指。而意指系统又可以分为涵指系统和元语言系统，涵指系统逻辑地研究潜在的意义。由此可见，巴尔特对索绪尔语言、言语区分的运用已经大大超出了索绪尔的原义，也更加辩证地注意到了作为"语言"基础的"言语"的实体性、社会性。索绪尔的"所指"不是"一件事物"而是该"事物"的"心理表象"，比如"牛"这个词的所指不是"牛"这种动物，而是他的心理形象。而关于所指的分类，按照巴尔特的说法就是要"设法重新建立所指的对立系列，并从其内的每一种对立中引申出一种可对比替换的（commutable）特征来"①。这种做法其实就是语义成分分析法。比如"man"这个单词包含以下两个意义单元：①男性（与女性相对）；②成年人（与男孩相对）。而能指在每个个体语言中的所指即"心理表象"都不尽相同。比如说到"杯子"，有些人会想起"瓷杯、有把手的"，有人则联想"不锈钢杯、没有把手的"。因此，能指与所指的对应关系要产生意义，就必然不是单纯的一一对应关系。对索绪尔来说，符号被论证为"某种深层状态的纵向延伸，如在语言结构中，所指从某种意义上来说是能指之后的，只有通过能指才能达到所指。这种隐喻太偏于空间化。它一方面欠缺意指作用的辩证性，而另一方面，符号的这一限界只能适用于语言结构这类非纯连续性的系统"②。巴尔特认为，"以人类语言提供的第一系统为基础的社会，将不断发展出一些第二意义系统"③。在这里，我们不妨借用乔姆斯基的一个术语，即"嵌套"。乔姆斯基认为，一个字句可以嵌套到另外一个句子中以至句子可以无限生成。④ 意义系统也同样可以嵌套。系统与系统之间相互嵌套以致无限生成意义及意义集合。巴尔特形象地说道："没有什么可以阻碍一个元语言反过来成为一个新元语言的目的语言。例如，符号学的情况就是这样，当它被另一门科学'说着'时。如果我们同意把人文科学定义为一种一致性、充分性、简单性的语言，即一种操作程序的话，那么每一门新科学都将表现为一种新的元语言……人文科学的历史就是元语言的一个历史面……"⑤

---

① Barthes, R. *Elements of semiology*, translated by Annette Lavers & Colin Smith, New York: Hill & Wang, 1977, p.30.

② [法] 罗兰·巴尔特：《符号学原理》，李幼蒸译，北京：中国人民大学出版社 2008 年版，第 34 页。

③ 这里与洛特曼的"第一模拟系统"和"第二模拟系统"有相似的地方，但不同的是，洛特曼的第二模拟系统是第一模拟系统的从属和派生。参见康澄：《文化及其生存与发展的空间——洛特曼文化符号学理论研究》，南京：河海大学出版社 2006 年版，第 10—14 页。

④ 参见 Chomsky, N. *Syntactic Structures*, Mouton: The Hague, 1957.

⑤ Barthes, R. *Elements of semiology*, translated by Annette Lavers & Colin Smith, New York: Hill & Wang, 1977, p.91.

### （四）多格扎反多格扎（doxa）：意义的开放性

多格扎（doxa）一词源自希腊文"doxa"，原意为观念、主意。巴尔特的多格扎在这里的意思是"形成稳定的日常舆论"[①]。巴尔特在寻找出语言、言语、能指、所指之间的意义产生机制并建立了自己的意指模式之后，极力反对意义的终极结论，即多格扎反对多格扎。[②] 众所周知，哲学经历了从本体论到认识论再到语言学的三次转向。回顾哲学的前两个阶段，我们可以找到巴尔特语言哲学思想的理论源泉。在意义的问题上，巴尔特融贯了认识论上的"怀疑主义"，即否认终极真理，只承认向真理逼近。正如李戴尔（Liddell）和斯科特（Scott）所说，"他们称他们没有提出（见解），只有（对见解）做出意见（asserted nothing but only opined）"[③]。从皮浪（Purron）到高尔及亚（Gorgias）再到胡塞尔，都有这种认识论的痕迹。爱那西德谟（Ainesidemos）对怀疑主义的十条论证中的第一条："不同生物由于构造不同会对同一对象产生不同的表象和感觉，因而感觉决定了有关性质的表象。性质的表象因感觉的差异而不同，并不具有固定性。"[④] 精妙地概括了怀疑主义理性思辨的基本主张。但是，巴尔特并没有陷入休谟等人"不可知论"的泥潭。巴尔特语言哲学思想的另一个源头来自德里达。德里达"把哲学从胡塞尔早期的意识哲学，直接领向了海德格尔晚期的语言哲学"[⑤]。德里达借助了海德格尔的视角，切断了与本体论的一切关系。他理解的踪迹总是通过持续不断地掩藏自己而躲避起来，因而不可能确定任何意义。巴尔特明显受到了

---

[①] 怀宇：《罗兰·巴特自述导读》，天津：百花文艺出版社2002年版，第9页。

[②] 参见 Barthes, R. *Roland Barthes par Roland Barthes*, Paris:Seuil, 1975.

[③] Liddell, H. G. & Scott, R. *Liddell and Scott's Greek-English Lexicon, Abridged*, London: Simon Wallenberg Press, 2007, p.57.

[④] 苗力田：《古希腊哲学》，北京：中国人民大学出版社1989年版，第662—665页。

[⑤] Habermas, J. *The Philosophical Discourse of Modernity: 12 lectures*, translated by Fredrick Laurence, Cambridge: MIT Press,1987, p.197.

德里达的影响，[①] 而巴尔特关于意义的不确定观点来自与德里达的"不确定性（indécidables）"，这个概念正是德里达解构西方形而上学的法宝。如果按照陈嘉映先生对西方哲学传统的分类，[②] 似乎我们应该把巴尔特的语言哲学思想归结为"现象学—解释学"一类。但是，在我们仔细考察巴尔特的意指理论之后发现，巴尔特的理论也带有分析哲学的传统，这源于他提出的两个概念的区分：直接意指（dénotation）和含蓄意指（connotation）。巴尔特认为，直接意指显示真实，将语言（符号）的原始的本质的含义显露出来，而含蓄意指与直接意指即所指与能指的关系。在这里，含蓄意指变成了第二意指系统。巴尔特称含蓄意指系统为"意识形态的蛛丝马迹"[③]。按他的理解，直接意指符号能指与所指关系对应相对固定、单一。比如数轴这个能指的所指就只能是两条相互垂直、交叉，并且方向指向上方和右方的图形。而含蓄意指则复杂得多。一个词语（符号能指）能对应引起若干个含蓄意指（所指）。

在这里，我们发现这种分法与密尔对"名称"的区分——意义（connotation）和指称（denotation）相似。[④] 然而密尔的区分只限于"语词"，而且并没有严密的能指所指对应关系。巴尔特把他的意指论应用到包括语言符号在内的其他符号。并使之系统化。这一点后期维特根斯坦的"意义使用论"也讨论过"姿势的意义、自然现象的意义"[⑤]。在巴尔特那里，意指系统的应用扩大到了文学文本服饰、电影、饮食等符号系统（他称之为广义语言系统）中。而含蓄意指系统是复杂的，与个体背景、认知、社会环境、意识形态有偌大关联。系统之间也彼此嵌套，彼此成为"他系统"的元语言系统。这样，意义就没有终极静止形态。那么我们不禁要问，巴尔特这么做的目的是什么呢？对此，弗朗索瓦·多斯的评论可谓一针

---

① 巴尔特和德里达是好朋友，巴尔特去世之后，德里达曾为他写悼词，并赞颂他的睿智与解构精神，巴尔特也曾明确表示过德里达对他的影响是巨大的。

② 陈嘉映：《语言哲学》，北京：北京大学出版社 2003 年版，第 2 页。

③ Barthes, R. *Eléments de sémiologie*, in *dans le Euvres Comletes*. T. I. Paris: Seuil, 1993, p.1518.

④ See Marti, G. *Philosophy of Language*, Oxford: Oxford university press, 2007.

⑤ 陈嘉映：《语言哲学》，北京：北京大学出版社 2003 年版，第 168 页。

见血："它努力把自然、永恒的意义从其意识形态的基础上连根拔除。在这个过程中，结构主义纲要体现出对主流意识形态的激烈批判，因为主流意识形态把自己描述为某种自然、永恒之物……负责说明强加于意义制造过程的诸种限制。抨击意识形态的统一身份，使其变得多元化，进而消解意识形态和确定意义……"①

在巴尔特看来，意义的大门应该敞开，"西方人使一切事物无不沉浸在意义里，就像是一种独裁主义色彩的宗教，把洗礼仪式强迫施予全体人民，语言（由言语构成）的这些对象就是理所当然的信徒……"② 因此，巴尔特反对亵渎意义。他提出，人们永远不要被下面四种命题所缠绕：这是 A—这不是 A—这既是 A 也非 A—这既非 A 也不是非 A。这与语言学建立起来的完美范式 [A—非 A—既非 A 也不是非 A（零度）—A 与非 A（复合度）] 是阻碍意义的方法。③ 因此，意义以及意义生产机制的固化（就像巴尔特说的西方"神话"即意识形态的总括）就是一个多格扎。巴尔特的解释是，多格扎类似于逻各斯，这是一种固定的、程式化的静止系统，必须要用另外一个多格扎来反这个多格扎，而另外一个多格扎也不是凝固的。正如他说，"一种多格扎出现了，但是无法接受；为了摆脱它，我假设一种反论；随后，这种反论开始得以确立，它自己也变成了新的反论、新的多格扎，而我们又需要走向一种新的反论……"④

## 第五节　与巴赫金"对话"

后结构主义时期巴尔特的文本观间接地受到了前苏联符号者巴赫金的影响，例如文本复数、文本声音的编织等概念就和巴赫金的对话、复调思想等相联系。

①　[法]弗朗索瓦·多斯：《解构主义史》，季广茂译，北京：金城出版社 2012 年版，第276—277 页。

②　Barthes, R. *Eléments de sémiologie*, in *dans le Euvres Comletes*, T. I. Paris : Seuil, 1993, p.105.

③　Barthes, R. *L' Empire des signes*, Geneva: Skira, 1970, p.47.

④　Barthes, R. *Roland Barthes par Roland Barthes*, Paris : Seuil, 1975, pp.22-53.

国内学者黄光伟就曾归纳出二者的相同性或曰相通性。他认为，"第一，巴特和巴赫金都是从具体的文学文本研究、批评中提出理论主张，建构自己的理论体系的，他们的理论是真正意义上的文学理论、美学理论，而非纯粹思辨性、具有形而上学色彩的哲学美学；第二，巴特的文本理论（theory of text）、巴赫金的'复调'理论（theory of polyphony）深受索绪尔普通语言学的影响；第三，巴特的文本'多元化'理论与巴赫金的'复调'理论都有拒斥'同一性'、'去中心化'、消解人为性'权威'的理论指向；第四，'文本'游戏策略与'狂欢化'诗学是巴特与巴赫金文化哲学思想的相同之处；第五，文本理论与'复调'理论都有一个相同或相通的特点，即无论是文本还是'复调'型的对话，都是未完成性的、动态性的，而非静止的、封闭的结构"[1]。事实上，巴尔特文本理论和巴赫金符号学思想的相通性体现在他们最终都走向同一旨归：对语言逻各斯中心主义以及意识形态中权力话语的解构，并试图建构出一种能使社会符号及所指平等对话的意义产生机制。

## 一、从内部到外部

巴赫金敏锐地觉察到了索绪尔规范化结构主义语言学的局限，他针对索绪尔只关注内部语言学的观点提出了"超语言学"思想。巴赫金"超语言学"思想的提出就是试图纠正索绪尔崇尚技术理性的普通语言学，将语言的研究重新指向个体言语以及言语背后的人。巴赫金认为这些言语才是"具有充分价值的不同声音组成真正的复调"[2]。所以，在巴赫金看来，外部语言学以及个体言语或称话语是最生动、最多面的价值存在，是"我与他人"、我与世界具有本体论意义的存在形式，这实际上反拨了索绪尔关于能指与所指对应的模式，提出符号的社会性。

---

① 黄光伟：《罗兰·巴特文本理论与巴赫金复调理论之比较》，载《文艺评论》2007年版第6期，第27—30页。

② [俄]巴赫金：《巴赫金全集》（诗学与访谈），钱中文主编，石家庄：河北教育出版社1998年版，第4页。

"巴赫金力图超越语言学的牢笼，进行超语言学的话语研究。"① 所谓超语言学，"是一门研究语言和'文化'或'语言行为'这样一些人类活动关系的学科"②。巴赫金认为，形式主义语言学把活生生的言语形式化、概念化，变成了某种抽象系统和死亡了的标本，"语言学思维方法对待语言的建立，就如同对待建立规则一致的形式系统一样，是以研究书面记载的僵化的他人语言作为实践和理论目的的"③。因此，"巴赫金超语言学的本体是生活在符号世界中的，具有充分独立主体性的人，其宗旨是为了将被封闭于语言结构囚笼中的人解放出来，恢复言说者（人）的行为主体性和生命的有机完整性……"④ 正如卡特琳娜·克拉克所说，巴赫金的超语言学"颠倒了语言与言语的价值"⑤。巴赫金看到了语言符号的本质，即每一个言语符号背后的行为主体及其意识形态，在一定程度上挑战了索绪尔的理论权威。然而，他并没有从一个极端走向另一个极端。巴赫金极力否认自己是纯粹走语义学的路子，并不止一次地提出"整体性"，并提醒人们，在语言形式之外，还存在着这些形式组合。

巴尔特总是喜欢尝试新的东西，包括新的研究方法，他反对崇尚传统、权威。当时法国文艺学界僵死的批评方式让他感到无趣，于是他在索绪尔那里找到了结构主义符号学的理论源泉。但他没有照搬索绪尔的思想，而是对它进行了补充与发展。这主要体现在：第一，他颠覆了索绪尔关于语言学、符号学的学科界定。按照索绪尔的观点，语言学是符号学的一个分支，而符号学隶属于更为广阔的社会心理学。巴尔特却认为大千世界的符号都具有语言符号的特质，他试图用语言

---

① 张杰：《张杰文学选论》，上海：复旦大学出版社 2007 年版，第 157 页。

② [美] 哈克曼，斯托克：《语言学与语言学词典》，上海：上海辞书出版社 1981 年版，第189、213 页。（转引自张杰：《张杰文学选论》，上海：复旦大学出版社 2007 年版，第 157 页。）

③ [俄] 巴赫金：《巴赫金全集》（周边集），钱中文主编，石家庄：河北教育出版社 1998 年版，第 418 页。

④ 季明举：《巴赫金超语言学的斯拉夫主义哲学实质》，载《中国俄语教学》2011 年版第 4 期，第 92 页。

⑤ [美] 卡特琳娜·克拉克、迈克尔·霍奎斯特：《米哈伊尔·巴赫金》，语冰译，中国人民大学出版社 2000 年版，第 292 页。

学的方法建立符号学，认为符号学隶属于更高层的广义语言学。其关系如图4.3所示。

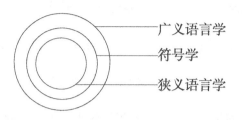

**图4.3　巴尔特的语言学、符号学关系图**[1]

第二，巴尔特反对索绪尔对语言、言语的机械区分和对意义的忽视。他关注"意义的产生机制"，有着后结构主义的典型特点——研究意义并否定终极意义，走向意义的不确定性。同时他认为，说话人与语言是一体的，消融在语言系统之中，不存在语言之外说话的人。因此巴尔特的符号学绝对不是纯抽象系统的规范性语言学。在这一点上，巴尔特与巴赫金反对形式主义语言学的做法不谋而合。

第三，巴尔特深化了索绪尔的能指、所指关系，并指出能指与所指的对应关系不是简单的一一对应。巴尔特认为，能指与所指关系更为复杂，在这一点上，巴尔特的做法类似于乔姆斯基的转换生成语法，只不过巴尔特生成的不是句子，而是文本机制或曰意义集合。巴尔特在分析分本的时候，分了三个层次，即语言—客体层、神话层、高级神话层。[2]这三层的关系类似于乔姆斯基子句的嵌套：文字符号系统与现实世界构成一对能指与所指；而文本背后的隐含意义以及人类的普遍认知经验是更深一层的能指和所指；而第三层则说明读者对文本的阐释与理解并生成新的概念意义。这三个层次联系紧密，递进嵌套。其能指所指对应关系如图4.4所示。

---

① 转引自吴晓峰：《符号与意义——巴特语言学与现代语言学的比较研究》，载《学术研究》2004年版第3期。

② Bartles, R. *Mythologies*, Paris: Seuil, 1957, pp.1–89.

$$语言—客体层 \quad 能指_1 \quad 所指_1$$
$$神话层 \qquad\qquad 能指_2 \quad 所指_2$$
$$再写神话层 \qquad\qquad 能指_3 \quad 所指_3$$

**图 4.4　巴尔特的文学符号学分层** [①]

不难看出，巴尔特对能指所指的把握远远超出了索绪尔的"音响和概念系统的对应"了。可以说，巴尔特只是借鉴了索绪尔的科学分析方法，但没有走进纯形式主义的樊囿。他的符号学充满着理性但不是僵死的，而是开放式的、多维度的。

## 二、思想内核"对话性"与"意指性"

在谈到巴赫金的符号学思想的时候，"对话性"这个术语是核心的核心。事实上，"对话"、"对话思维"、"对话机制"始终是巴赫金整个学术生涯最闪亮的星星。对话区别于独白。在巴赫金看来，"对话性"是指"各角色从私人的立场说话，受这样那样的限制，而作者从更高的性质上更为不同的立场描写整个世界。当我们说角色之间的关系是对话性的，我们不仅仅指对话来回交流，而是整个话语，他们的世界观，他们的观点" [②]。他进一步指出："我们的言语，即我们的全部表述（包括创作的作品），充斥着他人的话语……不可能存在孤立的表述。" [③] "对话关系一方面是作为生命个体的人与人之间的主体性的共同'在场'；另一方面是人与人之间双面集体的积极参与。对话即我与他人在一个充满生命意义的动态言语统一体中的交往互动。这也就是说作为言语主体的人，生存

---

① 转引自吴晓峰：《符号与意义——巴特语言学与现代语言学的比较研究》，载《学术研究》2004 年版第 3 期。

② Bakhtin, M. M. *Speech Genres and Other Late Essays*, translated by Y. Mcgce, Texas: University of Texas Press, 1986, p.131.

③ [俄]巴赫金：《巴赫金全集》（文本、对话与人文），钱中文主编，石家庄：河北教育出版社 1998 年版，第 174—175、第 397 页。

在一个鲜活的元语言世界中而不是语言世界中。"① 巴赫金的对话性表现在言语环境、言语意义的融合。而言语主体两者或两方是在语言系统下的在场表现。巴赫金进一步指出："话语是一个两面性的行为。他（它）在同等程度上由两面所决定……他（它）作为一个话语，正是说话者与听话者相互关系的产物。任何话语都是在对'他人'关系中来表现一个意义的。在话语中，我是相对他人形成自我的，当然，自我是相对于所处的集体而存在的。话语是联结我和别人的桥梁……话语是说话者与对话者之间所共同的领地。"② 概言之，言语以及意义产生的机制、文化语义场是在对话中形成的。

与巴赫金相对照，巴尔特的思想显得晦涩抽象并且偏形式化了。事实上，巴尔特发展了叶姆斯列夫的"语符学（Glossematics）"，提出"文化意指分析模式（Cultural Significant Analysis model）"来分析一切意指现象。巴尔特借助了索绪尔对语言的组合关系与联想关系的区分，提出句子是横组合段，而句子蕴含的完成力量以及句子本身的完整性与意识形态的重复、固着以及完成的特性是一致的。在巴尔特那里，文本是属于"真正社会学深度的符码总体。语言的图式或习用支配着符号的结构、运作和意义"③。在这里，有两个关键概念必须弄清楚，即叙事结构（text structure）和含蓄意指（connotation）。在巴尔特看来，布局序列或情节序列之所以具有序列，就是因为它们依据经验找到了一个名称，来命名情节，序列随着寻觅或确定命名这一进度展开。不过，这并不是巴尔特的重点。他的重点在揭示符码的含蓄意指。含蓄意指区别于直接意指（dénotation）。如果说一个单词的词典意义是直接意指，那么它的隐喻意义则是含蓄意指。巴尔特在《神话集》当中就分析了含蓄意指的实际所指。神话是社会习惯和意识形态，人们基于直接意指的符码联想出虚幻空间。而文学文本的所有构成符码要素都可能具有含

---

① 季明举：《巴赫金超语言学的斯拉夫主义哲学实质》，载《中国俄语教学》2011 年版第 4 期，第 92 页。

② [俄] 巴赫金：《巴赫金全集》（周边集），钱中文主编，石家庄：河北教育出版社 1998 年版，第 436 页。

③ Barthes, R. *Présentation* in *Dans le Euvres Completès*, Paris: Seuil, 1993, p.1412.

蓄意指。比如巴尔扎克的《人间喜剧》描写的"巴黎"不是巴黎，而是"巴比伦"与"尼尼微"，所有情节、故事、人物构成了一幅"末日景象"的图画。所有代码除了有其组织规律之外，还具有联想、指代、隐喻。于是，对文学文本的解读就从简单的解码过程转变成了新的意义机制的产生。这才是巴尔特文化意指分析的最终归宿。这种做法加深了读者对文本的横向与纵向理解，揭示作品本身的组织原则、内部结构以及深层含义。可以说，巴尔特这种模式具有双重功效，对文学文本研究提供了一个焕然一新的视角。

## 三、隔空共鸣：世界不应只有一种声音

前面我们讨论了巴赫金和巴尔特符号学的理论渊源和思想内核。不难看出，两者都尝试找到一种全新的、理性的研究方法。巴赫金试图跳出庸俗社会学和形式主义美学的樊囿，而巴尔特则致力于否定存在主义和实证主义的权威。那么，两者这么做的内在动源是什么呢？两者又有什么相似性呢？其实，仔细考察两人的时代背景、学术道路以及个人经历之后，便容易理解了。在我们看来，巴赫金和巴尔特的符号学都源于同一动源，即解构话语霸权这个逻各斯（巴尔特称为多格扎），建构多元批评模式。在这一点上，两者殊途同归，在 20 世纪的学术舞台上隔空共鸣。

在考察巴赫金对话思维的时候，我们不禁浮想起他振聋发聩的、强劲有力的呐喊声：人类在对话中前进。"对话"是巴赫金学术思想乃至整个人类文明的最闪光的亮点之一。"他的对话思维在文学文本中表现为作者与主人公的对话、作者与读者的对话、主人公与读者的对话、主人公与主人公之间的对话等，形成多声部的'复调'结构。"① 对话思维区别于独白思维。巴赫金认为，人类思维的本质是对话而非独白：

> 真理只能在平等的人的生存交往过程中，在他们之间的对话中，才

---

① 参见《外国文学评论》刊登的钱中文教授、张杰教授关于巴赫金对话理论的探讨。

能被揭示出一些来（甚至这也仅仅是局部的）。这种对话是未完成的，只要生存着有思想和探索的人们，它会持续下去。[①]

在《诗学与访谈》中，巴赫金继续谈道：

> 思想不是生活在孤立的个人意识之中……只有同他人别的思想发生重要的对话关系之后，才能开始自己的生活，意即才能形成、发展、寻找和更新自己的语言表现形式、衍生新的思想。[②]

这两段话可谓字字珠玑。其精妙之处在于理性地、合理地、辩证地、包容地道出了人类文明进步的金科玉律——在对话中前进。巴赫金生活的时代，是一个纷繁复杂，专制意识形态统摄一切的时代。这在某种程度上催生了形式主义美学的发展。评论家们不敢过度关注文本内容及意识形态转而关注文本结构。巴赫金处在某种边缘生存的状态，并曾因为与宗教人士讨论神学问题而被捕。作为一个基督徒，面对前苏联审判他的公安，他用混杂着屈辱和清高的语气这样描述自己的政治信念："无党派、修正的马克思主义者，对前苏联政权襟怀坦白，教徒。"[③]随后，巴赫金被判五年集中营，后改判流放。他喜欢康德、黑格尔，也赞颂过社会主义的现实主义，后来他认为这种行为非常庸俗，是一种个人崇拜。对于十月革命，他尽量避免做任何评论，称得上是"忠诚的"自由之士。在这种背景之下，力图寻求话语权空间的他终于找到理性命题——对话。在与密友的交流中，他无不实践自己的"对话性"。在他看来，真理来自于循环对话，而且没有终极真理。生活中的巴赫金也是如此，他清心寡欲，远离世俗。"在托多洛夫看来，这源于

---

① ［俄］巴赫金：《巴赫金全集》（文本、对话与人文），钱中文主编，石家庄：河北教育出版社1998年版，第372页。

② ［俄］巴赫金：《巴赫金全集》（诗学与访谈），钱中文主编，石家庄：河北教育出版社1998年版，第114页。

③ 转自托多洛夫于2007年10月22日在"全国巴赫金学术研讨会"（于北京师范大学举行）上的演讲稿《对话与独白：巴赫金与雅克布森》，史忠义译。

两个原因：身残（骨髓炎）和社会病（斯大林主义）。而后者一劳永逸地毁了一张社会网络。"①事实上，任何人都无法逃避政治体制、社会结构给人尤其是知识分子带来的影响。巴赫金"静如止水，低犹小草"的隐士梦想注定只是乌托邦而已。表达是一个理论家避无可避的事情，只有选择怎样表达、为谁表达。巴赫金注定是个天才，"对话"—意即反对独白、反对专制、崇尚自由、理性探讨、螺旋式前进。这是为了获得话语权而发出的时代最强音。"狂欢节"的构想却表达了他追求平等、解放束缚的美好愿景。毫无疑问，他的这些思想和做法无愧于自己"马克思主义者"的称号。

关于巴尔特，正如前文所提到的，他不仅在结构主义中独执牛耳，更难能可贵的是，后期的他自觉修补结构主义理论中的缺陷，跨入了解构主义的阵营。虽然在从结构到解构的转掠过程中，巴尔特始终坚持和恪守着结构主义的一些研究方法，但是他的侧重点却有些变化。前期他主要关注文本的内部结构，后期的他却开始关注文本的外部。追根溯源，巴尔特解构他人、解构自己最终旨在否定终极意义、否定权威。在他的思想里，似乎毫无清规戒律可言。他会一面推崇新小说，一面却将大量的热情用来解释经典的文学作品；他编织结构的网，也破除、解构和释放网中的自我；他嘲讽历史学家米什莱的呆板、清教徒思想和伪道德；他反对萨特"介入文学"；他大胆宣判：作者已死。他认为，写作的主体是读者，是声音的毁灭，是一种否定。他号召"零度写作（zero degree）"、"白色写作"，其目的就是反对作者对文本意义的决定性，反对作者的绝对权威。巴尔特认为，"给文本一个作者，是对文本横加限制，是给文本以最后的所指，是封闭了写作。"②他认为只有宣布作者死亡，才能解救文本，使写作变成一个开放的、动态的、有生命的活动。不难看出，巴尔特宣布作者之死并不是否定作者对文本意义的参与，而是寻求一种更加开放的、自由的文本解读方法和批评范式。

---

① 转自托多洛夫于 2007 年 10 月 22 日在"全国巴赫金学术研讨会"（于北京师范大学举行）上的演讲稿《对话与独白：巴赫金与雅克布森》，史忠义译。

② 赵毅衡：《符号学文学论文集》，天津：百花文艺出版社 2004 年版，第 511 页。

在巴尔特一生当中，他把自己的创作分为"四个阶段"①，每个阶段都互相联系、重叠、回返、亲和、延存、自我解构。在他那里，僵死的、霸权的、终极的都遭到扬弃。我们从"拉辛战"中可见一斑。巴尔特对拉辛的阐释有精神分析的、存在论的、悲剧的、心理学的。这种解释显然冒犯了实证主义权威的批评，彼卡尔也激烈地抨击巴尔特，不仅是因为巴尔特的批评观与其相左，也是因为这一批评观及其实践威胁到了他的话语霸权。由此可见，虽然巴尔特所生活的社会自由度较当时的前苏联要高出很多，但学术领域的霸权主义却气焰嚣张。巴尔特正是因为反对这个多格扎（doxa），即与彼卡尔剑拔弩张。

1966—1967 年，克里斯蒂娃给巴尔特介绍了巴赫金的对话思想，给他很深的启发。巴尔特从克里斯蒂娃那里接受了"文本互涉性（intertexualité）理论"，而这种思想的理解和接受意味着"作者至上权利的瓦解……对象语言与超语言的融合，意指过程的自主性、生产性和'复数（le pluriel）'思想的萌生"②。不难看出，"复数"这个概念与巴赫金的"对话性"、"复调"等理论有着千丝万缕的联系。这在巴尔特后期的著作里均有体现。总之，巴尔特就是这样，在结构中建构然后再解构。比如他大赞索莱尔斯没有一个段落、没有一个标点符号的写作的全新尝试，充分证明了巴尔特一直尝试突破已有的惯常事物以及对新思想、新形式、话语权的不懈追求。这也是他符号学理论的真正旨归。

与巴赫金的内在动源一样，巴尔特否定终极意义、反对权威、反对霸权，倡导多元批评模式。这种精神对当今愈趋开放、多元化的社会的影响是深远的。权力话语系统的集中、固化无益于人类思想的进步。没有什么东西是永远正确的。这个世界永远都需要新的"哥白尼"，人类理性思维、文明、社会进步都应该在对话中前进，并且永远没有句点。重新回顾他们所走的学术道路，或许人们会认为巴赫金的对话精神比巴尔特的思想更显宝贵、理性。但巴尔特决不在意，因为在他眼里，这并不重要，也没有终极结论。可喜的是这两位大师的光芒曾在 20世纪的星空交相辉映，照亮了人类前进的路。

① Barthes, R. *Roland Barthes par Roland Barthes*, Paris: Seuil, 1975, pp.95-113.

② 黄晞耘：《罗兰·巴特思想的转捩点》，载《世界哲学》2004 年版第 1 期，第 29 页。

# 第五章　方法论的反思

自从文学理论与现代语言学理论相结合，文艺学界就走向了一条追寻文学科学性的道路。从 1914 年伊始的俄罗斯形式主义到新批评再到结构主义等思潮无不如此。应该说，文学界科学性的追求与 20 世纪物理主义统一科学的使命是一致的。他们一方面反对主观式的批评，一方面探索一种准科学式的分析方法。换句话说，是对文学"理性"的追求。然而，物理主义统一科学的失败留给文学理论界一道思考题：文学科学化能走多远？巴尔特在 1966 年出版的《批评与真理》一文中就专辟章节呼吁建构"文学科学"。他认为，文学的科学已经成为可能，它无关内容，而是形式，"使这种科学感兴趣的，将是由作品所产生的和可由作品产生的意义的变异：它将不解释象征符号，而仅仅解释其各种价值。总之，它的对象将不再是作品的实在意义，而相反是承载这些实在意义的空在意义"①。巴尔特所引借的模式便是索绪尔和雅各布森的语言学模式。但是遗憾的是，他的所谓科学性遭到了解构主义的摧毁，连他自己都不得不重新修正自己的部分理论，提出文本的"游戏"。随着后现代主义批评方法的兴起，各种新的思潮如新历史主义、后殖民主义、女性主义、生态批评、文化研究等的兴起，西方文艺理论似乎离巴尔特所设想的"文学科学"越来越远。本章我们将集中讨论三个问题：

---

① Barthes, R. *Criticism and Truth*, translated and edited by Katrine Pilcher Keuneman, London: The Athlone Press, 1998, pp.73-74.

①文学的科学性问题；②我们究竟需要一种怎样的批评方法？③我们将试图提出一个新的批评方法——新文化批评。

## 第一节 文学的科学性问题

文学的科学性问题是文艺理论界最为关注的话题之一。从俄罗斯形式主义到法国的结构主义都曾试图建立一种准科学式的文本分析方法，以摆脱传统文学史研究的主观性。他们的做法是运用语言学理论将文学文本视作一种语言，找出生成文本的最小单位和组织结构规则。然而，形式化其结构不等于真正的科学性，其结果如同 20 世纪物理主义试图统一科学的失败一样，最终被囚禁在无形的语言牢笼之中。我们通过对雅各布森的文学性和巴尔特的符号论的研究可以看出，文学的科学性不在于其结构形式，而在于多元意义的张力场上。

当代加拿大文艺理论家诺思洛浦·弗莱曾经说过："文学是人文科学的中央分水岭，它的一侧是历史，另一侧是哲学。鉴于文学自身不是一个有组织的知识结构，批评家必须在史实上求助于历史学家的概念框架，而在观点上则求助于哲学家的概念框架。"[①] 此观点包含两层意义：第一，文学研究离不开文学史的研究；第二，类似于黑格尔《美学》中的概念，文学艺术最终必须让位于哲学。同时，这个观点也引发了另一种思考，文学在多大程度上是一门"科学"？事实上，文学理论史上关于"文学科学性"的追求从 20 世纪初开始一直到现在，都喧嚣尘上。那么，文学是一门科学吗？文学科学性的具体表征是什么？本书认为，文学不是物理学概念上的"科学"，文学的科学性不在于形式化其结构，恰恰相反，文学的科学性应该体现在表征多元意义的张力场上。本节将回顾俄罗斯形式主义以及法国结构主义的文学科学性追求理路并探究这两种文学思潮在文学准物理科学性

---

① ［加］诺思洛浦·弗莱：《批评的剖析》，陈慧、袁宪军、吴伟仁译，天津：百花文艺出版社 1998 年版，第 15 页。

追求道路上失败的原因。

### （一）文学性等于科学性吗？

现代文学理论中的科学性追求始于俄罗斯形式主义，而俄罗斯形式主义又肇始于雅各布森的语言学理论。1914 年，以雅各布森和托马舍夫斯基为代表的学生组织成立了"莫斯科语言学学会"以及后来在彼得堡成立了"诗歌语言研究会"，其目的是促进语言学和诗学的融合。"他们的理论研究的中心，并不是要建立某种独特的文学理论研究方法论，而只是认为文学是一门独立的学科，应该按照科学的方法和观点来研究文学的特殊性。"[①] 俄国形式主义努力想摆脱以主观哲学和美学为主导的传统诗学，即传统的以文学史研究的方式研究作者的背景、生平、社会环境等，从而建立一门独立的、科学的学科。

雅各布森指出，"文学科学的对象并不是文学，而是文学性，即它使一部既定作品成为文学作品"[②]。此处的文学性指的是文学语言技巧。1920 年，雅各布森移居布拉格，并成为布拉格学派的中心人物。而布拉格学派是连接俄罗斯形式主义与结构主义的纽带。但不管是俄罗斯形式主义还是布拉格学派，他们的诗学研究始终都坚守着同一种追求，即文学的科学性。这种科学性，托多洛夫一针见血地指出，它是一个抽象范畴及其相互作用的规律，研究的对象已经不是文学作品本身，而是"手段"，在他看来，人们对文学科学的误解来自于两方面：第一，所谓"自然科学"的排斥（托多洛夫认为这只是科学的手段）；第二，唯美派的反对亵渎。[③] 那么，雅各布森的文学性对后来的结构主义理论产生了哪些影响呢？为了弄清楚这个问题，我们必须从他提出的"文学性"理论的基本含义及其意义着手。如前所述，雅各布森把文学研究的对象框定为"文学手段"，即文学作品的材料以及将这些材料组织成为审美客体的艺术程序。国内学者董学文认为，"这

---

[①] 董学文主编：《西方文学理论史》，北京：北京大学出版社 2005 年版，第 261 页。

[②] Lee, T. L. & Marion, J. R. eds, *Russian Formalist Criticism: Four Essays*, Lincoln: University of Nebraska Press, 1965, p.192.

[③] ［法］托多洛夫：《象征理论》，王国卿译，北京：商务印书馆 2004 年版，第 377—378 页。

个概念的提出具有本体论和方法论的价值，它决定了文学理论的研究对象、研究方法和研究范围。同时，他的提出，为文学理论学科的建立也提供了重要的思想资源"[1]。而乔纳森·卡勒对此也评价颇高。他说："文学性的定义之所以重要，不在于作为鉴定是否属于文学的标准，而是作为理论导向和方法论导向的工具，利用这些工具，阐明文学最基本的风貌，并最终指导文学研究。"[2] 雅各布森的文学性理论发展过程也同样吸收了索绪尔的结构语言学理论，并且成为巴尔特结构主义符号学的理论源泉之一。那么为什么吸收了语言学理论的"文学性"概念反而变得"科学"了呢？雅各布森对此有过论述，在他看来，诗学本身就是语言学的一部分："诗学研究语言结构的问题，正如对画的分析要涉及画的结构一样。既然语言学是一门关于语言结构的普遍性的科学，诗学就应当被视为语言学的不可分割的组成部分。"[3] 因此，雅各布森不认为文学的科学性是打了语言学是科学的擦边球，文学涉及价值判断的评价不能代替语言艺术的学术分析。为了描述文学科学性，雅各布森重新定义了语言的基本功能，而诗学研究的只是其中一项，即诗性功能。而语言的六种功能对应着六种基本要素，我们可以用图5.1来表示。

指称功能（referential）——语境（context）

诗性功能（poetic）——信息（message）

情感功能（emotive）——发送者（addresser）……意动功能（conative）——接受者（addressee）

寒暄功能（phatic）——接触（contact）

元语言功能（meta-lingual）——代码（code）

**图 5.1　雅各布森关于语言功能与语言要素结构图**

我们不难看出，雅各布森的理论取向是强调语言学对诗学的指导作用，他

---

[1]　董学文主编：《西方文学理论史》，北京：北京大学出版社 2005 年版，第 270 页。

[2]　Culler, J. *Structuralist Poetics*, London & New York: Routledge, 2002, p.86.

[3]　[美]雅各布森：《语言学与科学》，载《符号学文学论文集》，赵毅衡编，天津：百花文艺出版社 2004 年版，第 171 页。

重视语言问题，但并非因为语言学的科学性而使文学性概念具有科学化倾向。简言之，以雅各布森为首的俄罗斯形式主义只不过徒具了"科学"的形式而已，并不是真正的科学。事实上，形式只不过是文学的一极，甚至不是最主要的一极，换句话说，文学最重要的东西并不在于形式。巴赫金对形式主义的评论是恰如其分的：

> 毫无疑问，形式主义本身一方面是针对旧俄国艺术理论中占统治地位的内容美学的激烈反应，另一方面又是实验精神、对语言学问题的浓厚兴趣、改造旧的艺术心理和艺术程式等的极端表现。而这几种倾向对于我们这个关键的转折时代是很有代表性的。[①]

可以说，雅各布森等人借鉴语言学理论指出文学研究的目的即"文学性"，揭示了文学或语言历史的内在规律，使得确定文学系统中的每一种特殊的变动特征成为可能。但是，文学作品的形式不是语言艺术审美的全部，巴赫金进一步评论道：

> 文学作品的形式不可归结为修辞手段的总和。文学创作中的形式，不是几何的机械概念，而是有目的的、有目标的概念。形式不仅是实有物，更是预设物；而手法只是形式目的性的物质体现之一。每一个修辞手法或所有修辞手法的总和，都是一部作品、一个学派、一种风格实现完整而统一的创作任务中的功能表现。[②]

那么，文学性等同于科学性吗？为了弄清楚这个问题，有必要回顾和界定一下科学的概念。如何界定"科学"这一概念一直困扰着哲学家和科学家们。他们

---

① [俄]巴赫金：《巴赫金全集》（周边集），钱中文主编，石家庄：河北教育出版社1998年版，第16—17页。

② [俄]巴赫金：《巴赫金全集》（周边集），钱中文主编，石家庄：河北教育出版社1998年版，第9页。

力图找出一个本质主义的定义，但毫无疑问是失败的。我们只能笼统地说，科学是描述客观规律的学科体系。值得一提的是"科学"一词在近代日本以及欧洲，从词源上讲都更接近自然科学。尼采把科学看作是一种社会的、历史的和文化的人类活动，旨在发明一种自然规律。哲学家费叶拉本德（Feyerabend）则认为"科学主义相信科学能最终解决所有人类问题，或者发现隐藏在我们感觉经验到的日常世界背后的某些真实世界的隐藏真理"[①]。因此，科学是一种描述客观世界的自然规律的学科知识体系，其结论必须通过实践检验和逻辑论证。科学方法包含以下重要元素：严谨的观察、构建假说并验证之、对新信息新点子的开放性、自愿接受他人的经过验证的成果以及质疑和探究。科学法则是用来描述自然界中发生了什么不变的、恒定的自然事实。从不同的特定的事件中发展出普遍的原则的方法称为归纳，其逆向过程称为推理（deductive/deductive reasoning）。科学的核心有几点是必须具备的：①客观理性，即以充分实践为基础；②可证伪，即人们可以论证这门学问的适用性；③普适范围，即除去其相对错误的部分；④普遍必然性，即能解释普适范围内的所有事实。

不难看出，俄罗斯形式主义的基本概念"文学性"并不等同于狭义的科学性，它只不过是一种模仿科学方法的方法，并不能最终摆脱文学独特的意识形态性、主观审美判断以及历史的痕迹。换句话说，如果文学成为准科学，那么它就丧失了其本质，最终只不过成为科学的附属品而已。因此，与其说文学性等同于科学性，倒不如说文学为追求科学性而自掘坟墓。

### （二）结构的牢笼：巴尔特对文学科学性求索的局限

如前所述，巴尔特曾把文学、写作、文本三个观念并列，认为它们可以不加区别地被使用，他还指出，文学有三种构成之力量：科学（science）、模仿（imitation）以及符号过程。模仿即文学再现现实；符号过程即意指模式的建立；而科学，在

---

① Feyerabend, P. *Realism, Rationalism, and Scientific Method*, in *Philosophical Papers*, Vol. 1, Cambridge: Cambridge University Press,1981, p.12.

他看来，"文学存在于科学的间隙当中"①。而且他把符号学定义为研究"记号的科学"直接源于"人文科学的脆弱性"②。然而我们仔细考察之后发现，其实巴尔特对文学的科学性求索也是发展、变化的。前期的他为试图找到精细的文本分析方法而借用语言学的理论建构符号学模式，忽略外部意义，呼吁"零度写作"；后期的他关注文学的阶级性、意识形态性。这样的转捩历程说明巴尔特在对待文学的科学性方面是复杂的，具有双面性。总而言之，巴尔特的研究理路体现出他的精密逻辑分析框架。这种对"准科学方法"的追求和崇拜，最终使他局限在结构的牢笼之中。

在巴尔特看来，文学和食物、图像、电影、服饰等一样，是一个意指系统。文学的意指系统是从"出色的意指系统即语言系统中生成的"③，传统的文学批评忽略了文学形式本身，而对文学逻辑性的忽略使得批评家们没有思考过"元文学（meta-literature）"的问题，和元语言相对应，元文学即谈论文学本身的文学。那么，这一做法就是忽略文学作为一种言语活动的本质。巴尔特鲜明地指出：

> 我们的作家过去没有想象可以将文学（文学这个词本身也是最近的）看（作）是一种言语活动，一种像其他对象一样的服从于逻辑的区分：文学从来不自我反思（它有时反思其修辞，却从不反思它自身），它从来不把自己分成一种可以立即阅读和被阅读的对象。简言之，它在谈论，却不谈论自我。④

① Barthes, R. *Inaugural lecture, College of France,* in Susan Sontag, *A Barthes' Reader*, New York: Hill & Wang, 1997, p.463.

② Barthes, R. *Inaugural lecture, College of France*, in Susan Sontag, *A Barthes' Reader*, New York: Hill & Wang, 1997, p.469.

③ Barthes, R. *Critical Essays*, translated by Richard Howward, Evanston: Northwestern University Press, 2000, p.152.

④ Barthes, R. *Critical Essays*, translated by Richard Howward, Evanston: Northwestern University Press, 2000, p.97.

在传统文学批评当中，过多地关注"创作的人的意识"，即多从文学的外部着手（如萨特给文学下的定义就是如此）。这样做的后果是导致了一个悲剧："我们的社会，这一刻正局限于历史的过去，而只允许其文学讨论高大上的俄狄浦斯问题：我是谁？它通过同样的方式禁止文学讨论方法论的问题：该做什么呢？文学的真实不再处于陈述实践当中，但也已经不在自然序列当中：它是指向自我的一个面具。"①

在巴尔特看来，既然传统的文学批评指向外部忽略内部，那么就有必要建立起一种文学内部的结构规则体系，这种体系是逻辑学的，也是科学化的。唯一能达到此目的的做法是借助语言学的分析框架（和雅各布森一样）。在 1966 年写就的《批评与真理》一书中，巴尔特专辟一章论述了文学的科学化的问题。在这章当中，巴尔特认为，文学科学的建立是可能的。文学科学没有建立是因为我们未能充分认识到文学对象的本质。文学科学必须抛弃内容，因为"文学科学如果以确定一种意义而排斥其他可能的意义就会损害自己的声誉"②，因此，文学科学只可能是有关内容的"条件"的科学，即形式的科学，"它更多的是关注作品意义多样性生成的本身，也可以说是意义生成（engenderable）机制。它不诠释象征，而只是指出象征的多面价值（polyvalence）。总之，它的对象不再是作品的全部实在意义，相反的，是支撑实在意义的空在意义"③。

这个概念对于巴尔特的文本理论构建有着相当重要的理论意义。首先，它界定了研究的对象，即形式；其次，它指明了研究框架——语言学方法论，因为"语言学可以把一个生成的模式给予文学，这模式适用于一切科学的原则，科学就在

---

① Barthes, R. *Critical Essays*, translated by Richard Howward, Evanston: Northwestern University Press, 2000, p.98.

② Barthes, R. *Criticism and Truth*, translated by Katrine Pilcher Keuneman, London: The Athlone Press, 1998, p.73.

③ Barthes, R. *Criticism and Truth*, translated by Katrine Pilcher Keuneman, London: The Athlone Press, 1998, pp.73-74.

于支配某些规律，去解释某些后果"①。由此我们可以看出，巴尔特应用语言学理论来构建"文学的科学性"是基于语言学有"支配规律"，能"解释后果"之上的。他进一步指出，"文学科学的目的不是为了说明某一意义应该或曾被接纳（这是历史学家的事），而是要说明某一意义为什么被接纳（acceptable），而不是根据字面的语法规律进行说明"②。由此，我们可以看到，巴尔特所说的文学科学性与雅各布森的文学性概念有若干相似性，主要表现为研究对象都为文学作品内部的结构规律，即形式。不过巴尔特把对象做了进一步的细化，更强调"语言"的重要性。他甚至指出，"作者与作品只不过是分析的起点，分析的终极目标应该是语言"③。简言之，文学的科学就是关于言语的科学。而这门科学有两个领域：

> 根据它处理的符号，这门科学（文学科学）可分为两大领域，第一个领域包括小于句子的各种符号，如古代修辞、内涵现象以及"破格语义学（semantics anomalies）"等，总之是一切文学语言特征的总和；第二个领域是长于句子的符号，从这些言语部分我们可以推断出诗歌和散文的叙事结构。④

这样一来，文学的基本单位及其构成关系就给文本提供了肯定分析的渠道。事实上，巴尔特的研究理路也是沿着这两条主线进行的：首先根据语言学理论构建符号学系统，把文本描述为符号的意指过程以扩大外延，接着分析言语的基本形式，如神话文本、叙事文本等。贯穿这一历程的核心就是形式与结构。文

---

① Barthes, R. *Criticism and Truth*, translated by Katrine Pilcher Keuneman, London: The Athlone Press, 1998, p.74.

② Barthes, R. *Criticism and Truth*, translated by Katrine Pilcher Keuneman, London: The Athlone Press, 1998, p.74.

③ Barthes, R. *Criticism and Truth*, translated by Katrine Pilcher Keuneman, London: The Athlone Press, 1998, p.75.

④ Barthes, R. *Criticism and Truth*, translated by Katrine Pilcher Keuneman, London: The Athlone Press, 1998, pp.77-78.

学科学并不关注作品的存在与否，只关注产生多义性的源泉。对于文学科学的命名，巴尔特依据其研究对象和方法，把文学科学称作"话语语言学（linguistics of discourse）"。文学科学最终的目的是否定确切的意义，只是研究产生意义的逻辑。对此，巴尔特这样论述道：

> 话语语篇分析是真正的文学科学。它与文学对象的语言性质是相符的。因为就算语言学可以帮助我们，但它不能单独去解决这些新对象所提出的关于个体话语部分以及与此相关的双重意义的问题。它特别需要历史的帮助，历史会告诉人们第二种符码（比如修辞符码）的寿命（通常它是很长的）。它也需要人类学的辅助，人类学允许凭借不断的比较和整合，来描写能指的普通逻辑。[①]

综上所述，我们可以把巴尔特关于文学科学性的求索归纳为两个特点：第一，他继承了俄罗斯形式主义和布拉格学派的传统，把文学研究对象框定为文学内部的结构形式，但他进行了更为细致的描述；第二，他认为文学科学性得以建构是因为其分析方法即语言学是科学性的，它能解释某些规律性的东西。事实上，若不考虑巴尔特后期的某些修正，我们完全可以说他毕生所建构的理论模式都被困在结构的牢笼之中。美国批评家保尔·德曼就一针见血地指出巴尔特形式化倾向的局限。国内学者昂智慧曾梳理过保尔·德曼对结构主义的批评，她归纳了三点："首先，为了把文学研究科学化，结构主义批评试图对文本进行'简约化'，从而忽略了对具体文学文本的阅读；其次，它为了排除文学研究中必然存在的不确定因素，不惜否认作者的存在；最后，由于自身理论的内在缺陷，结构主义批评从科学化走向了文本游戏。"[②]昂智慧认为，巴尔特误解了雅各布森的文学性概念，

---

① Barthes, R. *Criticism and Truth*, translated by Katrine Pilcher Keuneman, London: The Athlone Press, 1998, pp.79.

② 昂智慧：《"文学科学"的弊端：论保尔·德曼对结构主义文学批评的批评》，载《外国文学》2005 年第 2 期，第 35 页。

忽视了语言的修辞，把形式化发展到了极端，而没有对语言的本质提出质疑。"罗兰·巴特的错误从本质上说，是对文学语言的认识上的错误。具体说，它表现为，在看待文学语言的所指问题上，他非常鲁莽地从一个极端走向了另一个极端，即从'科学化'（相信所指的确定性）走向文本游戏（抛弃所指，否认其存在）。"① 在这里，昂智慧错误地理解了巴尔特。首先，巴尔特并没有误解雅各布森文学性的概念，并且两者的方向是一致的。文学性概念的根本目的也不在于提出对语言的质疑；其次，巴尔特科学性的追求不是"相信确定的所指"，而是要弄清楚非确定所指的生成结构。然而，我们必须指出，保尔·德曼对结构主义批评的批判是中肯的，即结构主义不能等同于文学科学性。只能说，结构主义只不过是建立了相对较具逻辑性的分析框架，其朝向文本内部的转向值得肯定，但并不是真正意义上的科学性。为了弄清楚这个问题，我们有必要再回到"科学性"这一词的界定。

如前所述，"科学性"有广义与狭义之分。广义的科学泛指一切具有精密逻辑的研究方法和分析体系，包括严密的思维方式；而狭义的科学与自然科学相对应。目前，欧洲除英国之外基本上都接受广义的科学概念，而英国、美国则倾向于后者。在我国的学科体系中，"科学"一词是采用广义的界定方法，因此整个学科体系可分为人文科学、社会科学、自然科学等，而人文科学在英美等国被称为"人文学（humanity）"。如果我们硬要将结构主义文本分析方法进行归类的话，它最多属于广义科学的范畴，甚至还有些勉强，我们或许称之为"人文学"更为妥贴。这主要基于以下几个理由：第一，虽然结构主义文本分析提供了一个相对精细和较具逻辑性的框架，但其研究对象——文本一旦进入意指模式，就必然具有价值预设，而涉及价值判断的任何方法都会使科学性大打折扣，严格地说，结构主义方法只是逼近科学性。第二，构成文本的语言（广义上的）区别于自然语言，因为它不可能以单个符号在零度的状态下传递所指，也就是说，文本一旦生

_____

① 昂智慧：《"文学科学"的弊端：论保尔·德曼对结构主义文学批评的批评》，载《外国文学》2005年第2期，第36—41页。

成，就表明其语言是经历横组合与纵聚合方式的编码（如神话构成形式图片、歌曲等，而纯文学的叙事文本、诗歌文本等更是如此），这种编码与解码的过程必然会使其丧失普遍必然性。第三，结构主义文本分析方法的适用性依然很弱，各种文本结构的变因不仅难以控制，而且也不可证伪，一旦有新的文本结构出现，它便失去了作用。总之，结构主义文本分析和俄罗斯形式主义的"文学性"一样，只不过是外部朝向内部的一个关注点的转向。正如一页纸的两面，一面以另一面为存在前提，文本最终不能脱离相对的价值基础。

事实上，巴尔特晚年的解构主义转向也是对其结构主义中某些过分形式化的东西所进行的修正。他曾表示文学最终不能拒绝历史，并只能向人类文化求助。一方面，他接受福柯的"权势论"，认为一切文本隐含着各党派、团体的"神话"，文学批评家就是要揭露神话的制作，玩弄"意指"；另一方面，他把符号学与语言学区别开来（前期符号学是广义的语言学）。1977年巴尔特在法兰西学院就职演讲时候谈道，"现在在我看来，语言学正从事一个巨大的欺骗，它设定一个对象，这个对象通过在话语链上擦除它的手指印以抹除一切痕迹，使自己纯洁无瑕，就像特里马奇诺剃光了他的奴隶的头发似的。结果符号学就成为了接受语言不纯的部分、语言学荒废的部分、信息立即崩塌的部分，这些部分无外乎欲望、恐惧、表情、威胁、前进、温情、抗议、借口、侵犯以及语言建构所需的各种音调"①。不难看出，巴尔特此时对符号学的界定比前期有所变化。这主要表现在符号学研究意指过程超出了语言学的范畴，明确表示符号学不仅注重内部研究，其接受的"部分"也毫无疑问是修正形式化的证据。文本的愉悦、阅读符码等的提出即是扬弃了文本中心主义的立场，带有后现代文化研究的痕迹。然而，他的文化研究还是处于结构主义的文化研究，其方法也带有强烈的结构决定论的倾向。他一方面错误地把形式化等同于科学化，另一方面，他忽略文本外部导致文学研究失去了本质，最终被囚禁在结构的牢笼当中。因此，巴尔特对文学科学性的求索最终以失败而告终。

---

① Barthes, R. *Inaugural lecture, College of France*, in Susan Sontag, *A Barthes' Reader*, New York: Hill & Wang, 1997, pp.470-471.

## 第二节　新文化批评：一种新方法的历险

自俄罗斯形式主义的雅各布森到新批评的兰瑟姆再到结构主义的巴尔特，近半个世纪的文学科学化追求虽然给文学研究提供了一种新的范式，但其缺陷是明显的：首先，其理论基础——语言学，削弱了文学的主体地位，甚至混淆了两者的差别，正如乔纳森·卡勒所说："语言学不是阐释学。它不能发现某一语序究竟是什么意思，也不能产生一种新的意义阐释，它只能试图确定那隐藏在事件背后的系统的本质。"[①] 因此他们陷入了空洞的形式分析。其次，他们忽视了文学的外部因素，尤其是历史的、文化的因素，否定文学特含的意识形态性，从而割裂了文学的系统性和辩证性。这一点从俄罗斯形式主义诞生的背景便可窥见一斑。俄罗斯形式主义的诞生与其说是另辟蹊径地找到一种朝向文本内部的批评方法，倒不如说是对文本外部意识形态批评的一种逃避。再次，他们先验地认为文本的背后存在潜在的结构，陷入了唯理论的泥潭，最终消解了文学主体，正如国内学者董学文所说："读者在阅读的过程当中所注入的并不仅仅是语言学知识，也不可能仅仅是对结构形式和结构模式的阅读期待，诚如先哲所说，美学的观点和历史的观点还是十分重要的，这是人文科学所必不可少的重要维度。"[②]

可以说，文学科学化在某种程度上类似于唯美主义（苏珊·桑塔格曾经把巴尔特的结构主义看作是唯美主义的变形），而他们的核心概念则是否定文学文本的意识形态性或者认为意识形态应该排除在他们的研究范围之外。我认为，这种做法是错误的。文学文本一旦被建构，即参与了意指过程，无论其大小多寡，都是意识形态的集合。即使是语言学研究单元内部也同样如此，比如词汇使用的神

---

① Culler, J. *Structuralist Poetics*, London & New York: Routledge, 2002, p.78.

② 董学文主编：《西方文学理论史》，北京：北京大学出版社 2005 年版，第 434 页。

话，我们可试举例：负增长（神话性：下降的正面表达，如收入的负增长等），下岗（神话性：隔断与资本主义的"失业"的联想）。文本乃是符号化的意指过程，也是诸神话（即言语）的集合，是不可能切断与意识形态的联系的，因而，完全扬弃美学的、历史的、文化的批评方法是局限的。可以这么说，文学文本离不开价值判断。事实上，早年的巴尔特曾经论述过文化与意识形态的关系：

> 我们把文化放在意识形态的对立面，文化是高雅的、普遍性的东西，游离在社会抉择之外。文化不可测量，意识形态则是带有偏见的虚构，两者因而处于均衡的天平上（事实上并不均衡），两者都在文化的严厉注视之下不加区别地遭到抛弃，却没有想到文化归根结蒂就是意识形态。[①]

必须指出，意识形态的文化特性不等于党派的政治主张，它更多的是一类思维方式的集合表征。虚构的文学文本都带有阶级性。巴尔特曾这样论述道：

> 人们若是对人类和历史、善恶、社会之类事先没有一定的观念，就无法评论文学：仅仅在冒险这样简单的词里，也顺利地被我们的"非此非彼"作了道德感化，用以抵御"毫无令人惊异之处"的讨厌的系统，多么重要的遗憾，多么无法逃避的命运，多么陈陈相因！一切自由最终总是重新整合到某种已知的逻辑联系当中，而这种逻辑联系就仅仅是主观的先验判断而已。因此，批评家眼里的自由并不是要拒绝党派的偏见（这不可能），而是能否将偏见公然表达出来。[②]

然而，既然我们已经接受了泛文本的概念，那么文学文本只是文本的一个子

---

[①] Barthes, R. *Mythologies*, translated by Annette Lavers, New York: Hill & Wang, 1972, p.81.

[②] ［法］罗兰·巴尔特：《神话修辞术》，屠友祥译，上海：上海人民出版社 2009 年版，第134—135 页。

项目。我们不否认文学文本的意识形态性。但是，有没有不含具意识形态的与文学文本对应的其他文本呢？答案是肯定的。这种文本传递单一所指，意义封闭，也不存在意指过程，借用巴尔特的术语，我将它称为"零度文本"。一切以自然语言之原初状态呈现并且不参与意指构建的文本都属于此类，如数学公式、科技语篇等。由于零度文本不参与意指过程，因此我们可以将它排除在我们的研究范围之外。

那么接下来要处理的，即是对零度文本之外的文本做一个界定并构建一个类型学模式。一切参与意指系统构建的文本都是意指文本。显然，它包含经典的文学文本（如叙事文本、诗歌文本等），也包含后现代文化概念中的其他文本类型，如图片、音乐、服装等。事实上，今天很多的文本表现为一种多模态的形式，即包含了文字、图片、音乐等混合的多重意指系统构建的复合文本。而这种文本将来或许还有更丰富的形式、更直观的表达。然而，意指文本有以下几个共性：第一，每一个意指文本都含有一个以上的意指系统，在时间序列中具有延展性（从单纯的文字记录到文字与插图的并用再到多媒体视频，向纵深发展）；第二，意指文本都是经过创建者加工过的，是对具体事件的滞后性模仿。这一点有人可能会拿现场直播的例子来反驳，但是请注意，即使是现场的拍摄也可能是一种滞后性的模仿。因为，首先是拍摄的素材是经过选择的（每个人的视角不同），从物理空间的角度来讲，二维世界的东西不可能让受众者完全不漏地接受多维空间的所有细节。其次是对于已发生过的事件的记录与描述不可能是同时的，即存在信息遗漏。总之，意指文本都是二手的，这一点从本质上说与小说家虚构真实的故事一样并没有太大的差别。文学家虚构文学文本是传达特定所指，摄影者也一样，他们可以通过拼接、编辑、PS等产出文本，两者都经过了艺术加工。一旦人这个意识主题进入到文本的创建，文本便自动含具意识形态。既然文化是一切意识形态的总和，那么我们研究的对象就已经十分明确，即意指文本。

如前所述，传统文学文本与后现代批评中的泛文本现象的区别显得没有必要，因为今日的文本多以各类文本交叉的情况出现。我们现在所要做的，就是对这种参与意指过程的文本（即意指文本）进行其他的细化和分类。首先我们要把意指文本分为描写文本与虚构文本。描写文本即对客观事件的描写，如新闻语篇、照片和视频就属于此类。它们以较为真实的面貌出现在人类历史中。但是必须指出的是，它们仍然有意指过程参与建构。拿新闻语篇来说，看似真实的描述其实有可能完全违背真实。一是时间和空间的位移性决定不可能复制真实；二是描写文本建构的背后存在个体意识。因此，描写文本毫无疑问是属于意指文本，但是它区别于虚构文本的是，其可信度要远远高于虚构文本，并且它可以被当作文本间性的网中结点呈现出来（如人们可以以"9·11事件"为背景来建构其他文本，但不可以以虚构文本中的事件为参照点）。而虚构文本则顾名思义属于凭构建文本的主体先验的或超验的认知按照特定逻辑呈现出来的故事。一切小说、电影、电视剧（某些纪录片除外）均属于虚构文本。虚构文本传达意指并充当某些功能，如审美的、娱乐的、说教的等（不充当功能的虚构文本则无意义）。必须指出的是，有时候这两种文本有可能相互渗透。比如描写文本有可能部分虚构，虚构文本为了拟真性而加入一些以描写文本为参照的内容（如金庸小说《射雕英雄传》中的"靖康耻"事件和人物"丘处机"）。正是因为这种复杂性，使文化批评变得必要，换句话说，文化批评的目的便是厘清文本各类复杂的意指过程。但是，它不是纯结构性的，也不是单纯从某一方面切入的，而是一种联系。

　　虚构文本根据其内容可进一步分为超验文本和逼真文本。超验文本是指那些不以人类认知经验为基础的超现实文本，它属于超验的、魔幻的。在文学史中一直占有很重要的地位，从《荷马史诗》到《神曲》再到各种科幻小说都属于此类。今日的超验文本则以多种方式表征并且更具有观赏性，如《哈利波特》和《蜘蛛侠》在流行文化中举足轻重。另一类逼真文本则模仿现实，它一方面遵循人类先验世界经验的逻辑，另一方面是虚构出情节序列的故事。它虚构但逼近真实。大部分小说都是逼真文本。至此，我们可以粗略地构建一个文本类型学模式，如图 5.2 所示。

**图 5.2　文本类型学模型**

根据图 5.2 的文本类型学模型我们很容易发现，今天的文学批评存在一个严重的问题：批评家们往往忽略了描写文本而仅仅把虚构文本作为其研究的重点（近年来流行的语篇分析算是一种特例，它通常用定量研究的方法以显示其科学性）。事实上，文化批评绕不开描写文本这一环。我们在此尝试的"新文化批评"的历险是建立在旧的文化批评方法之上的。我们认为，旧的文化批评有两大缺陷：第一，把文化批评等同于政治批判。事实上，在英国伯明翰当代文化研究中心的大多为新马克思主义者，他们关注的更多是工人阶级的生存状态，而忽略了文本内部的研究以及其他学科的融合。第二，过分地强调意识形态的统摄作用。英国文化学家雷蒙·威廉斯曾把文化界定为三种方式：理想的、文献式的以及社会的：

> 文化是对一种特殊生活方式的描述，这种描述不仅表现艺术和学问中的某些价值和意义，而且也表现制度和日常行为中的某些意义和价值。[①]

不难看出，威廉斯的文化批评在某种程度上等同于庸俗社会学，缩小了文化研究的张力。应该说，文化批评也可以分为内部与外部。内部如巴尔特大众文

---

① ［英］雷蒙·威廉斯：《文化的分析》，载《文化研究读本》，罗钢等编著，北京：中国社会科学出版社 2000 年版，第 125 页。

化——神话的结构研究，外部如伯明翰文化研究中心那些学者们。西里斯·米勒曾指出：

> 事实上，自1979年以来，文学研究的兴趣中心已发生大规模的转移：从对文学作修辞学式的"内部"研究，转为研究文学的"外部"联系，确定它在心理学、历史或社会学背景中的位置。换言之，文学研究的兴趣已由解读（即集中注意研究语言本身及其性质和能力）转移到各种形式的阐释学解释上（即注意语言同上帝、自然、社会、历史等被看作是语言之外的事物的关系）。[①]

事实上，这些转移和转向也同样在文化研究中出现，或者说文学与文化是同构的。文化研究要求从整体上看待文学文本，注重社会性，它在实践历史中有三种方式：结构主义的（巴尔特与阿尔都塞式的）、精神分析的（拉康的）以及政治批判的（伯明翰当代文化研究中心）。但无论怎样，它必须着眼于大众生活场景，分析现实状况，从而取得有价值的东西。利奥塔指出，"文化存在于一个民族与世界和与它自身的所有关系之中，存在于它的所有知性和它的所有工作之中，文化就是作为有意义的东西被接受的存在"[②]。因此我们的文化批评应该是多学科融合的、多面的、具有延展空间的。其关键在于通过现象发掘文本的内在因素和文本间的联系，进入到潜意识领域的研究。

新的文化批评应该含括政治批评、社会批评以及心理批评等多方面，但又不是单个或者多个的简单相加，而是一种错综复杂的、交叉胶着的网络联系，它甚至是泛学科化的东西。那么在文化批评实践中，如何避免泛化从而保持它独有的地位呢（今天很多的理论试图囊括一切，到最后反而失去自我）？我们试从以下方面加以阐述。

---

① ［美］希利斯·米勒：《文学理论在今天的功能》，载《文学理论的未来》，拉尔夫·科恩主编，北京：中国社会科学出版社1993年版，第121—122页。

② ［美］利奥塔：《后现代性与公正游戏——利奥塔访谈、书信录》，谈瀛洲译，上海：上海人民出版社1997年版，第104页。

首先，新文化批评应该以理性交往的实践哲学为基础。理性交往首先要求扬弃先验论、一元中心论。它强调在实践中彼此对话而不是以确立或者消除某个中心为根本目的。20世纪70年代后期"转向葛兰西"则反对和消解文化霸权，但又建立另一个新的文化霸权，最终无法凝聚文化研究的共性，于是诸文化个体如工人阶级文化、女性文化、民族文化等各自发声，最后消解了自己。新的文化批评应该倡导理性交往，文明对话。精英文化与大众文化之间、东方文化与西方文化之间、传统文化与流行文化之间应该互通互溶，而不是消解与取而代之。而且交往应该以客观生活世界为基础，正如哈贝马斯所说，"生活世界构成行动情境的直观性前理解的脉络，同时生活世界给解释过程提供了富源，交往参与者正是借助于解释过程力求满足不时在行动环境中产生的理解需要"[①]。生活实践是理性交往的现实依据，也是文化批评的必经之路。

其次，新文化批评应立足于语言现实。语言结构分为语言和言语，任何一方面都不能展现全部，文化的结构模型必须在语言结构之上，它是参与了意指过程的言语。因此，新的文化批评反对中心与边缘、内部与外部的机械区分。文化也有结构，内部结构是外部内容的骨架，外部内容是内部结构的表现。因此，新的文化批评应该注重内部与外部、形式与内容的结合。

最后，新的文化批评应该以整个人类文明的发展为根本目的。文化没有对错之分，但有优劣之分。文化不应该是僵化的、守旧的，而应该是开放的、动态的、发展的。文化批评应该摈弃"权势"的神话，扬弃民族主义、保护主义、宗派主义，以促进人类文明进步为终极目标。

总之，新的文化批评以文本为研究对象，以理性交往实践哲学为理论基础，强调对话、融合，强调形式与内容并重，并以整个人类文明的发展为目的。它是一种新的批评方法的尝试，是一种历险。它今天尚不曾真正建立，但我们相信它存在的可能性并乐观预见它的将来。

---

① 薛华：《哈贝马斯的商谈伦理学》，沈阳：辽宁教育出版社1988年版，第33页。

# 结　语

乔纳森·卡勒曾经用"语言的牢笼"来形容俄罗斯形式主义与法国结构主义，认为它们最终被囚禁在语言无形的牢笼之中。对巴尔特而言，我们也可以说他被囚禁在"结构的牢笼"之中。他的结构主义思想贯穿一生，从符号学系统的构建到神话研究到叙事文本研究再到后结构主义的文本间性，其文本理论始终是以结构为立足点的，即从语言的结构到符号的结构到神话的结构到叙事文本的结构再到后结构主义的符码结构。其内在理路是从文学文本开始发现潜在的结构到借助结构主义语言学的模型建构出符号学模型，把非语言符号的结构也建构起来再到神话（即一种言语）系统的结构——文学文本的典型，即叙事文本的结构再到后结构主义的符码结构这一过程。巴尔特把语言学理论应用于文学研究的尝试体现出结构主义对文学科学性的追求，不过它和其他理论一样，最终不可能十全十美地解释一切文学现象，正如卡勒所言：

> 结构主义已经成功地揭开了许多符号的神秘面纱，它当前的任务必须是使自己进一步系统化，以便对这些符号如何构筑系统做出解释。它必须设法具体列出各程式系统的规则，可以指出如何着手这一工作，不过也就仅此而已。[①]

---

① Culler, J. *Structuralist Poetics*, London & New York: Routledge, 2002, pp.308–309.

本文围绕"结构"这个核心，从语言、符号、神话、叙事、阅读符码等方面重点探讨了巴尔特文本理论的特点，考察了其理论的解释力，提出一种新文化批评的设想。综上所述，我们得出以下结论：

第一，巴尔特整个理论的核心即是文本。他的文本的概念是明显带有后现代主义泛文本理论的影子，他扩大了文本的内容，他的研究对象不再仅仅局限于传统的文学文本。在他看来，图片、音乐、服饰、家具等都是一种文本。文本的特性是具有符号学的特性。

第二，巴尔特阐述清楚了符号与文本的关系。他把语言符号和非语言符号整合成符号系统，这个系统的四个二元对立分别借用了索绪尔的若干理论。按他的观点，一切具有语言特性的符号都是文本，或者说文本在一定程度上等同于符号。符号是文本的内在结构，文本是符号的外在表征。

第三，神话文本是一种言语，这种言语仍然可以用符号学模型来建构一个神话系统的模型，根据他的理论模型，我们试破译了当代中国一则神话，并建立起一个意指过程，发现这种模型的解释力是很强的，并且可以根据此模式来构建一个神话批评学。

第四，在叙事文本当中，其结构可分为三层：功能层、行动层、叙事以及叙事作用层。这三层较为精确地厘清了叙事文本建构的叙事素以及发展方法。用生成主义的观点剖解了叙事的结构，使得叙事文本的建构变得部分科学。

第五，巴尔特后期所谓后结构主义的转向实际上还是没有完全抛弃结构主义的基本方法，他宣布作者之死与构建五种阅读符码在某种程度上解构了一些现实主义小说，但也使自己走向了文本游戏论的虚无主义之中。

总之，巴尔特贯穿一生的结构主义以及唯美文学观使他遁入了虚无主义的消极观，这与他的时代背景有密切的联系。和其他左翼知识分子的经历一样，二战和存在主义思想使他形成了充满矛盾的道德观。因此，与其说巴尔特的结构主义符号学是找到了朝向文本内部结构的新批评方法，倒不如说是他本能地拒绝和逃避具体的政治实践。然而，他的符号学实践是有价值的。他的可贵之处在于其精密的分析方法给具体的文本实践提供了有效的基础，而且他的自我解构精神也值得理论界反思。李幼蒸先生对他做出的评价是中肯的：

> 虽然巴尔特自己绝非可以免除意识形态的偏见，但他的不少分析、批评、主张都在相当程度上"体现着"一种准科学的分析方法，从而使其最终成为一名符号学家。这也是巴尔特思想对我们的最大价值所在：他以其天才创造力为我们提供了大量分析和解读典籍文本的分析经验，这对于我们有关传统典籍现代化研究目标来说，比任何西方哲学方法都更直接、更有效。①

巴尔特晚期的思想有了很大的变化，尤其是他的写作观较早期有明显差异。晚年的他提出"迷醉写作"，类似于"不以生殖为目的的性生活"的"文本愉悦"，这和康德的艺术创作目的论有若干相似之处。这些是本研究未涉及之处，尚待进一步挖掘和整理。另外，本文末尾关于"新文化批评"的尝试只不过是一种"历险"，除了粗略地构建一个文本类型学之外，理论框架与具体文本实践将有待进一步完善。

---

① 李幼蒸：《罗兰·巴尔特：当代西方文学思想的一面镜子》，载《符号学历险》附论，北京：中国人民大学出版社 2008 年版，第 252—253 页。

# 参考文献

## 罗兰·巴尔特的原著（英文版）：

Barthes, Roland. *Mythologies*, translated by Annette Lavens, New York: Hill & Wang, 1972.

Barthes, Roland. *On Racine*, translated by Richard Howard NY: Performing Arts Journal Publications, 1983.

Barthes, Roland. *Criticism and Truth*, translated by Katrine Pilcher Keuneman, London: The Athlone Press, 1998.

Barthes, Roland. *S/Z*, translated by Richard Miller, New York:Hill and Wang, 1974.

Barthes, Roland. *The Pleasure of the Text*, translated by Richard Miller, New York: Hill and Wang, 1985.

Barthes, Roland. *The Grain of Voice*, translated by Linda Coverdale, The University of California Press, 1985.

Barthes, Roland. *Image/Music/Text*, translated by New York Stephen Heath, NY:Hill and Wang, 1977.

Barthes, Roland. *Writing Degree Zero*, translated by Annette Lavers and Colin Smith, NY:Hill and Wang, 1968 .

Barthes, Roland. *Critical Essays*, translated by Richard Howard, The Northwestern University Press, 1972.

Barthes, Roland. *Elements of Semiology*, translated by Annette Lavers and Colin Smith, NY:Hill and Wang, 1967.

Barthes, Roland. *The Fashion System*, translated by Matthew Ward and Richard Howard,NY:Hill and Wang, 1983.

Barthes, Roland. *Empire of Signs*, translated by Richard Howard,The Northwestern University Press, 1982.

Barthes, Roland. *Sade/Fourier/Loyola*, translated by Richard Miller, New York:Hill and Wang, 1976.

Barthes, Roland. *New Critical Essays*, translated by Richard Howard, NY:Hill and Wang, 1980.

Barthes, Roland. *A Lover's Discourse*, translated by Richard Howard, New York :Hill and Wang, 1978.

Barthes, Roland. *Writer Sollers*, translated by Philip Thody, Minnesota:The University of Minnesota Press,1987.

Barthes, Roland. *Camera Lucida*, translated by Rich–ard Howard, New York: Hill and Wang,1981.

Barthes, Roland. *The Rustle of Language*, translated by Richard Howard,The University of California Press, 1989.

Barthes, Roland. *The Responsibility of Forms*, translated by Richard Howard, New Yok: Hill and Wang, 1985.

Barthes, Roland. *The Semiotic Challenge*, translated by Richard Howard, New York : Hill and Wang, 1988.

Barthes, Roland. *The Eiffel Tower and other Mythologies*, translated by Richard Howard, NY: Hill and Wang, 1979.

## 其他外文文献：

Andrew, Brown. *Roland Barthes:The Figures of Writing*, London: Clarendon Press,1992 .

Badmington, Neil. *Roland Barthes: Critical Evaluations in Cultural Theory* (Volume Ⅰ, Ⅱ, Ⅲ, Ⅳ), London & New York: Routledge, 2010.

Bakhtin, M. M. *Speech Genres and Other Late Essays*, translated by Y. Mcgce, Texas: University of Texas Press, 1986.

Calvet, Louis-Jean. *Roland Barthes:A Biography*, translated by Sarah Wykes, London:Polity Press, 1994.

Chomsky, N. *Syntactic Structures*, The Hague: Mouton, 1957.

Culler, J. Barthes: *A Very Short Introduction*, Oxford: Oxford University Press, 1983.

Culler, J. *On Deconstruction*, Beijing:Foreign Language Teaching and Research Press, 2004.

Culler, J. *Structuralist Poetics*, London & New York: Routledge, 2002.

Culler, J. *The Pursuit of Signs*, New York:The Cornell University Press,1991.

Derrida, Jacques. *Positions*, Chicago: Chicago University Press, 1981.

Eco, Umberto & Pezzini, Isabella. *La Sémiologie des Sémiologie*, in *Communications*, no.36(1982) pp.24–25.

Feyerabend,Paul. *Realism, Rationalism, and Scientific Method*, in *Philosophical Papers*, Vol. 1, Cambridge: Cambridge University Press,1981.

Graham, Allen. *Roland Barthes*, New York: Routlege, 2003.

Gane, Mike & Gane, *Nicholas. Roland Barthes*(Volume Ⅰ, Ⅱ, Ⅲ), London:SAGE Publications Ltd, 2004.

Habermas, J. *The Philosophical Discourse of Modernity: 12 lectures*, translated by Fredrick Laurence, Cambridge: MIT Press,1987.

Halliday, M.A.K. & Jonathan, J. W, *On languages and Linguistics*, London:Continuum

International Publishing Group, 2003.

Hawkes, Terence. *Structuralism and Semiotics*, London & New York: Routledge, 2010.

Hazard, Adams. *Critical Theory Since Plato*, Beijing: Peking University Press, 2006.

Hill, Leslie. *Radical Indecision: Barthes, Blanchot, Derrida, and the Future of Criticism*, NY: University of Notre Dame Press, 2010.

Jameson, Fredric. *The Cultural Turn*,Verso,1998.

Jameson, Fredric. *The Political Unconscious*, New York: The Cornell University Press ,1981.

Knight, Diana. *Barthes and Utopia:Space,Travel,Writing*, London: Clarendon Press,1997.

Knight, Diana. *Critical Essays on Roland Barthes*, New York:G.K.Hall & Co., 2000.

Landow, George P. *Hypertext 2.0: The Convergence of Contemporary Critical Theory and Technology*, Baltimore: Johns Hopkins University Press, 1997.

Lavers, Annette. *Roland Barthes: Structuralism and After*, New York: Methuen & Co.Ltd, 1982.

Liddell, H. G. & Scott, R. *Liddell and Scott's Greek–English Lexicon, Abridged*, London: Simon Wallenberg Press, 2007.

Lombardo, Patrizia. *The Three Paradoxes of Roland Barthes*, Georgia: The University of Georgia Press, 2010.

Marti, G. *Philosophy of Language*, Oxford: Oxford university press, 2007.

McQuillan, Martin. *Roland Barthes*, London: Palgrave Macmillan, 2011.

Miller, D.A. *Bringing out Roland Barthes*, California: University of California Press, 1992.

Moriarty, Michael. *Roland Barthes*, London: Polity Press,1991.

Norris, Christopher. *Deconstruction Theory & Practice*, NY: Methuen,1982.

Pagan, Nicholas. *Roland Barthes and the Syllogisms of Literary Criticism*, in *Mosaic*:

A Journal for the Interdisciplinary Study of Literature, 2000.

Polan, Dana. *Inexact Science: Complexity and Contradiction in Roland Barthes's Classic Semiology*, in *The Yale Journal of Criticism* 14.2 (2001) pp.453–462.

Porter, Abbott. *The Canbridge Introduction to Narrative*, Beijing: Peking University Press, 2006.

Sontag, Susan. *A Barthes' Reader*, New York: Hill and Wang ,1983.

Stanfford, Andy. *Roland Barthes, Phenomenon and Myth: An Intellectual Biography*, Edinburgh:Edinburgh University Press, 1998.

Stauder, Thomas. *Roland Barthes. Literature Semiology and Literary Writings*, in *Archiv fur Das Studium Der Neueren Sprachen Und Literuren*, 2(2007) pp.457–459

Stjernfelt, Frederrik & Bundgaard, Peer F. *Semiotics* (Volume Ⅰ, Ⅱ, Ⅲ, Ⅳ ), London & NewYork: Routledge, 2011.

Todorov, Tzvetan. *Les Catégories du récit littéraire*, in *Communications*, 8(1966) pp.146–147.

Wallace, Martin. *Recent Theories of Narrative*, Beijing: Peking University Press, 2006.

Wiseman, Mary. *The Ecstasics of Roland Barthes*, London & New York: Routledge, 1989.

Young, Robert. *Untying The Text: A Post–Structuralist Reader*, Boston, London & Henley: Routedge & Kegan Paul, 1981.

## 中文文献：

[美]爱德华·W·萨义德：《世界·文本·批评家》，李自修译，北京：生活·读书·新知三联书店 2009 年版。

[法]安托瓦纳·贡巴尼翁：《反现代派：从约瑟夫·德·迈斯特到罗兰·巴特》，北京：生活·读书·新知三联书店 2009 年版。

昂智慧：《"文学科学"的弊端：论保尔·德曼对结构主义文学批评的批评》，载《外国文学》2005 年第 2 期。

[俄]巴赫金：《巴赫金全集》，石家庄：河北教育出版社 1998 年版。

[意]贝内代托·克罗齐：《美学或艺术和语言哲学》，黄文捷译，天津：百花文艺出版社 2009 年版。

步朝霞：《自我指涉性：从雅各布森到罗兰·巴特》，载《外国文学》2006 年第 5 期。

陈嘉映：《语言哲学》，北京：北京大学出版社 2006 年版。

陈平：《罗兰·巴特的絮语——罗兰·巴特文本思想评述》，载《国外文学》2001 年第 1 期。

陈永国：《互文性》，载《外国文学》2003 年第 1 期。

何立新：《浅议结构主义与文学》，载《外语与外语教学》2006 年第 5 期。

[日]池上嘉彦：《诗学与文化符号学》，南京：译林出版社 1998 年版。

邓丹丽：《文学作品的结构分析》，载《外国文学报道》1983 年第 3 期。

丁尔苏：《超越本体》，苏州：苏州大学出版社 1994 年版。

丁尔苏：《语言的符号性》，北京：外语教学与研究出版社 2000 年版。

董希文：《文学文本理论研究》，北京：社会科学文献出版社 2006 年版。

董学文：《西方文学理论史》，北京：北京大学出版社 2005 年版。

方生：《后结构主义文论》，济南：山东教育出版社 1999 年版。

冯寿农：《文本·语言·主题》，厦门大学出版社，2001 年。

[法]弗朗索瓦·多斯：《从结构到解构——法国 20 世纪思想主潮（上，下卷）》，季广茂译，北京：中央编译出版社 2005 年版。

[法]弗朗索瓦·多斯：《结构主义史》，季广茂译，北京：金城出版社 2012 年版。

[法]弗朗索瓦·多斯：《解构主义史》，季广茂译，北京：金城出版社 2012 年版。

高宣扬：《罗兰·巴特文化符号论的重要意义——纪念罗兰·巴特诞辰 95 周年和逝世 30 周年》，载《探索与争鸣》2010 年第 12 期。

[法]格雷马斯：《结构语义》，史忠义译，天津：百花文艺出版社 2001 年版。

[法]格雷马斯：《论意义》，吴泓缈等译，天津：百花文艺出版社 2005 年版。

[法]格雷马斯：《符号学与社会科学》，徐伟民译，天津：百花文艺出版社 2009 年版。

季明举：《巴赫金超语言学的斯拉夫主义哲学实质》，载《中国俄语教学》2011 年第 4 期。

胡经之、王岳川：《文艺学美学方法论》，北京：北京大学出版社 1994 年版。

黄晞耘：《被颠覆的倒错——关于罗兰·巴特后期思想中的一个关键概念》，载《外国文学评论》，2003 年第 1 期。

黄晞耘：《罗兰·巴特思想的转拔点》，载《世界哲学》2004 年第 1 期。

黄晞耘：《罗兰·巴特："业余主义"的三个内涵》，载《外国文学评论》2005 年第 3 期。

黄念然：《当代西方文论中的互文性理论》，载《外国文学研究》1999 年第 1 期。

黄耘：《被颠覆的倒错——关于巴特后期思想的一个关键概念》，载《外国文学评论》2003 年第 1 期。

黄耘：《罗兰·巴特业余主义的三个内涵》，载《外国文学评论》2005 年第 3 期。

黄耘：《罗兰·巴特思想的转捩点》，载《世界哲学》2004 年第 1 期。

黄光伟：《罗兰·巴特文本理论与巴赫金的"复调"理论之比较》，载《文艺评论》2007 年第 6 期。

黄擎：《以简驭繁神话的破灭——对罗兰·巴尔特〈叙事作品结构分析导论〉的思考》，载《河南师范大学学报（哲学社会科学版）》年 2000 第 2 期。

胡经之：《西方文艺理论名著教程（第二版）》，北京：北京大学出版社 2003 年版。

吉罗：《符号学概论》，成都：四川人民出版社 1988 年版。

[美]乔纳森·卡勒：《结构主义诗学》，盛宁译，北京：中国社会科学出版社 1991 年版。

[英]卡特琳娜·克拉克，迈克尔·霍奎斯特：《米哈伊尔·巴赫金》，语冰译，中国人民大学出版社 2000 年版。

康澄：《文化及其生存与发展的空间》，南京：河海大学出版社 2006 年版。

康澄：《象征与文化记忆》，载《外国文学》2008 年第 1 期。

康澄：《洛特曼语言观的嬗变及其意义》，载《解放军外国语学院学报》2007 年第 3 期。

康澄：《文化符号学的空间阐释——尤里·洛特曼的符号圈理论研究》，载《外国文学评论》2006 年第 2 期。

康澄：《文本——洛特曼文化符号学的核心概念》，载《当代外国文学》2005 年第 4 期。

康林：《文本结构的拿来与发展》，载《文学评论》1987 年第 5 期。

[美] 拉曼·塞尔登主编：《文学批评理论——从柏拉图到现代》，刘象愚、陈永国等译，北京：北京大学出版社 2003 年版。

罗钢等：《文化研究读本》，北京：中国社会科学出版社 2000 年版。

李赋宁：《欧洲文学史（1、2、3、4 卷）》，北京：商务印书馆 2001 年版。

李幼蒸：《理论符号学导论》，北京：中国人民大学出版社 2003 年版。

李幼蒸：《历史符号学》，桂林：广西师范大学出版社 2003 年版。

李小坤、庞继贤：《互文性：缘起、本质与发展》，载《西北大学学报（哲学社会科学版）》2009 年版。

[芬] 劳里·杭柯：《神话界定问题》，阿兰·邓迪思编，朝戈金等译，载《西方神话读本》，广西师范大学出版社 2006 年版。

[法] 罗兰·巴尔特：《罗兰·巴尔特文集》（共 10 卷），北京：中国人民大学出版社 2010 年版。

[法] 罗兰·巴尔特：《罗兰·巴尔特文选》（共 7 卷），上海：上海人民出版社 2011 年版。

[美] 罗曼·雅各布森：《语言学与科学》，载《符号学文学论文集》，赵毅衡编，天津：百花文艺出版社 2004 年版。

[英] 罗素：《西方哲学史》，北京：商务印书馆 2007 年版。

[美] 利奥塔：《后现代性与公正游戏——利奥塔访谈、书信录》，谈瀛洲译，

上海：上海人民出版社 1997 年版。

李勇：《作者的复活——对罗兰·巴特和福柯的作者理论的批判性考察》，载《云南大学学报（社会科学版）》2010 年第 1 期。

刘文：《辩证性和革命性：克里斯蒂娃和巴特的互文本理论》，载《西南民族大学学报（人文社会科学版）》2011 年第 5 期。

刘宗迪：《神话与神话学》，载《民间文化论坛》2004 年第 4 期。

[丹]路易斯·叶尔姆斯列夫：《叶尔姆斯列夫语符学文集》，程琪龙译，长沙：湖南教育出版社 2005 年版。

[加]诺思洛浦·弗莱：《批评的剖析》，陈慧、袁宪军、吴伟仁译，天津：百花文艺出版社 1998 年版。

梅启波：《文本概念的旅行及其核心要素的生成》，载《河南师范大学学报（哲学社会科学版）》2011 年版。

梅园：《"神话"与"书写"：罗兰·巴特后结构主义思想探源》，载《解放军外国语学院学报》2005 年版。

苗力田：《古希腊哲学》，北京：中国人民大学出版社 1989 年版。

钱翰：《从作品到文本：对文本概念的梳理》，载《甘肃社会科学》2010 年第 1 期。

[法]让－保罗·萨特：《萨特文集（第七卷）》，沈志明、艾珉主编，施康强译，北京：人民文学出版社 2000 年版。

尚杰：《林结构主义到后结构主义》，载《世界哲学》2004 年第 3 期。

[瑞]索绪尔：《普通语言学教程》，北京：商务印书馆 2010 年版。

[法]托多洛夫：《象征理论》，王国卿译，北京：商务印书馆 2004 年版。

[英]特雷·伊格尔顿：《二十世纪西方文学理论》，北京：北京大学出版社 2007 年版。

[英]特伦斯·霍克斯：《结构主义和符号学》，瞿铁鹏译，上海译文出版社 1997 年版。

屠友祥：《罗兰·巴特与索绪尔：文化意指分析基本模式的形成》，载《西

北师大学报 ( 社会科学版 )》2007 年第 4 期。

王金福：《文本是语言》，载《福建论坛》2011 年第 10 期。

王铭玉：《语言符号学》，北京：高等教育出版社 2004 年版。

王铭玉：《符号学理论在象征词语分析中的应用》，载《外国语》1989 年第 6 期。

王泰来：《关于结构主义文艺批评》，载《外国文学研究》1981 年第 2 期。

王泰来：《一种研究文学形式的方——谈结构主义文艺批评》，载《国外文学》1983 年第 3 期。

[ 意 ] 翁贝尔托·埃科：《符号学与语言哲学》，王天清译，天津：百花文艺出版社 2006 年版。

吴晓峰：《符号与意义：巴特符号学与现代语言学的比较研究》，载《学术研究》2004 年第 3 期。

[ 美 ] 希利斯·米勒：《文学理论在今天的功能》，载《文学理论的未来》，拉尔夫·科恩主编，北京：中国社会科学出版社 1993 年版。

谢龙新：《罗兰·巴特的符号学体系与叙事转向》，载《江西社会科学》2010 年第 3 期。

杨艳妮：《文本的精细读解与文化批判》，载《学术论坛》2011 年第 2 期。

徐文培、郭红：《互文性视域中的文学研究与文化研究》，载《外语学刊》2010 年第 1 期。

项晓敏：《对巴尔特零度写作理论的再解读》，载《复旦学报 ( 社会科学版 )》2004 年第 4 期。

薛华：《哈贝马斯的商谈伦理学》，沈阳：辽宁教育出版社 1988 年版。

周涵：《零度的乌托邦——浅谈罗兰·巴特写作的零度》，载《外国文学》2005 年第 2 期。

朱光潜：《西方美学史》，北京：商务印书馆 2006 年版。

张杰：《张杰文学选论》，上海：复旦大学出版社 2007 年版。

张杰：《结构文艺符号学》，北京：外语教学与研究出版社 2005 年版。

张杰：《符号学王国的构建 : 语言的超越与超越的语言——巴赫金与洛特曼

的符号学理论研究》，载《南京师大学报》2002 年第 4 期。

张杰：《走向体系研究的艺术符号学与文化符号学——塔尔图 - 莫斯科符号学理论探索》，载《外国语》2000 年第 6 期。

张杰：《复调小说理论研究》，桂林：漓江出版社 1992 年版。

张杰：《走向世界的探索：观念、方法、心理、比较》，桂林：漓江出版社 1993 年版。

张卫东：《殊途同归的解构与颠覆——巴赫金与巴特符号学思想的内在动源刍议》，载《俄罗斯文艺》2012 年第 1 期。

张卫东：《文学的科学性问题刍议》，载《俄罗斯文艺》2015 年第 3 期。

张卫东：《意指：意义及意义的产生机制：罗兰·巴尔特语言哲学思想述评》，载《西安外国语大学学报》2013 年第 1 期。

张卫东：《名称外译中的文化迹点透视》，载《外语与外语教学》2013 年第 5 期。

张卫东：《文化中的神话及其破译与读解——兼对当代一则神话的批判》，载《学术界》2015 年第 12 期。

张晓明：《巴特文论在中国的译介历程》，载《当代外国文学》2006 年第 2 期。

张晓明：《巴特文论在中国的接受研究》，载《南京大学学报（哲学、社会科学版）》2007 年第 1 期。

钟晓文：《符号·结构·文本——罗兰·巴尔特文论思想解读》，厦门：厦门大学出版社 2012 年版。

赵一凡等：《西方文论关键词》，北京：外语教学与研究出版社 2006 年版。

赵毅衡：《符号学原理与推演》，南京：南京大学出版社 2011 年版。

赵毅衡：《符号学文学论文集》，天津：百花文艺出版社 2004 年版。

郑一舟：《试论作为一种元语言的结构主义文学批评》，载《江西社会科学》2010 年第 1 期。

张之沧：《后现代社会与理念》，南京：南京师范大学出版社 2005 年版。

# 附录　罗兰·巴尔特生平

1915 年 12 日，出生于谢赫堡（Cherbourg），父亲是路易斯·巴尔特（Louis Barthes），海军中尉，母亲是亨喝艾特·彬热（Henrietta Binger）。

1916 年 26 日，巴尔特的父亲在北海的一次海战中牺牲。

1916—1924 年，巴尔特在巴约纳市度过童年。在这座城市的中学低级班上课。

1924 年，巴尔特定居巴黎，先是住在玛扎赫呐街（Mazarine），后住在雅克－卡娄街（Jacques-Callot）。此后，学校放假时巴尔特就在巴约市的祖父母家中度过。

1924—1930 年，巴尔特就读于蒙田（Montaigne）中学（小学四年级到初中三年级）。

1930—1934 年，就读于路易－勒－格朗（Louis-le-Grand）中学（初中四年级到哲学班）。

1933—1934 年，巴尔特参加高中会考。

1934 年 5 月 10 日，巴尔特患上肺结核。

1934—1935 年，巴尔特在比利牛斯山阿斯普山谷（Aspe）的博杜镇（Bedous）进行自由疗养。

1935—1939 年，巴尔特在巴黎索邦大学读书，获古典文学学士。创办古代戏剧社团。

1937 年，巴尔特免服军役。当年夏天，赴匈牙利德布勒森市（Debreczen）

任法语老师。

1938 年，巴尔特与古代戏剧社团一起赴希腊。

1939—1940 年，巴尔特任教于比亚里茨市新中学，担任初中三年级和初中四年级的代课教师。

1940—1941 年，巴尔特任教于巴黎伏尔泰中学和卡尔诺中学。获得（关于希腊悲剧方面的）高等教育文凭。

1941 年 10 月，巴尔特肺结核病复发。

1942 年，巴尔特第一次住进位于伊塞尔（Isère）省的圣 - 伊莱尔 - 迪 - 图威镇（Saint-Hilaire-du-Touvet）大学生结核病疗养院。

1943 年，巴尔特在巴黎廓椎法格街（Quatrefage）愈后疗养院进行恢复休养。获得文学学士学位（语言文学专业）。

1943 年 7 月，巴尔特右肺结核病复发。

1943—1945 年，巴尔特第二次住进大学生结核病疗养院。在这期间，结核病复发。

1945—1946 年，巴尔特在雷新市（Leysin）的亚历山大诊所继续进行疗养治疗。

1945 年 10 月，巴尔特疾病复发。

1946—1947 年，巴尔特在巴黎进行愈后疗养。

1948—1949 年，巴尔特在布加勒斯特法国学院担任图书馆助理、教师。

1949—1950 年，巴尔特在（埃及）亚历山大市担任法语教师。

1950—1952 年，巴尔特就职于国家文化关系总局教育处。

1952—1954 年，巴尔特在国家科学研究中心（CNRS）实习（词汇部）。

1954—1955 年，巴尔特就职于阿尔施出版社（Arche），担任文学顾问。

1955—1959 年，巴尔特就职于国家科学院研究中心，担任研究专员（社会学）。

1960—1962 年，巴尔特就职于（经济与社会科学）高等实用研究院，担任课题主任。

1962 年，巴尔特在高等实用研究院担任研究主任（"符号社会学，象征与再现"）。

1976 年，巴尔特受福柯推荐，任职法兰西学院《文学符号学》讲座教授。

1977 年 1 月 7 日，巴尔特在法兰西学院大厅发表教授就职演讲。

1977 年 10 月 25 日，巴尔特的母亲去世，他一蹶不振。

1978 年 11 月，巴尔特应罗谢的邀请赴纽约作题为《普鲁斯特和我》的报告。

1979 年 4—6 月，巴尔特写完《转绘仪》。

1980 年 2 月 25 日，巴尔特在巴黎学校街遭遇车祸，被送往硝石库医院。

1980 年 3 月 26 日，巴尔特因肺部并发症感染在巴黎逝世。

# 后　记

人生是一场由符号构成的自我叙事。

——赵毅衡

十年前的秋天，当我踏进美丽的南京师范大学校园，第一次听到张杰院长在《外国语言文学研究方法论》这门课上提到"符号学"一词的时候，我只是庸俗地想象：如果我的人生要用符号来描述的话，我一定要用惊叹号。那时的我 23 岁，青涩、懵懂但充实且充满憧憬。一年之后我搬到随园，开始读符号学的书。我记不清为什么作为语言学专业的我却对符号学感兴趣。是厌倦了语言学的枯燥？抑或是张院长跨学科方法论启发了我？我想一定是因为后者。因为符号学某种程度来讲也是语言学，而且其艰涩程度丝毫不逊于语言学，所以今天当我尝试写出一篇关于符号学的博士论文的时候，我开始惴惴不安，也许我所作的东西，根本入不了符号学的大门，我的人生符号也因此而变成了省略号。

虽然渺小到悲伤，但这些年的光阴是实实在在、真真切切的。漫步于随园葱郁的树林之中，我常常抬头望着天，天总是很灰，我就像努力想爬出却又深在井底的青蛙，希望终有一天能望着像一年前我曾在香港浅水湾见到的那片景色：天很蓝、树很高、海很阔。在这里的日子无疑是寂寞的、艰辛的，但我是热爱的、感激的。1974 年 4 月 19 号，作为《太凯尔》杂志访问中国代表团之一的巴尔特曾在这个"东方最美丽的校园"短暂停留，那天他这样写道：

> 没有任何偶遇事件、皱痕，没有任何俳句。细微的差别何在？乏味吗？就没有细微差别吗？ ①

或许"大量的砖块"让巴尔特丧失了对这美丽校园的好感，竟然没有留下任何溢美之词。当我走过南大楼，看见上面依稀可见的"无产阶级文化大革命万岁"几个粉墨大字的时候，我突然开始明白他当时的心情。这也许勉强能算得上我跟他的一点渊源，这是在我开始决定做巴尔特符号学理论研究之初不曾知道的。

本来，我对包括巴尔特在内的那些左翼知识分子是一向不抱有同情心态的，而且我的法文基本功也不好，这一点也是我的导师康澄教授最初不同意我做这个课题的原因。但是，南京师范大学符号学学科的学术传统就是先做着引介国外符号学理论的工作——这个学科目前在国内尚处于起步阶段。我的导师和师兄、师姐们对前苏联塔尔图－莫斯科符号学派如巴赫金、洛特曼，美国一般符号学派如皮尔斯、莫里斯、苏珊·朗格等研究甚多，却没有人涉及符号学重镇法国结构主义，于是我抱着啃硬骨头的心态专治法国结构主义的代表人物罗兰·巴尔特的符号学理论。

在读过他的著作之后，我承认我以前对他的看法是不够客观的。你可以更喜欢萨特，但绝对不能否定巴尔特，何况他俩并不天然对立。事实上，尽管他俩在分析方法、学术观点上可能有些相左，但他们追求人类文明进步的目的是一致的。然而这却是今天很多国内知识分子所缺乏的精神追求。他们不断制造神话、固守神话却从不破解神话；他们不断祭起极端民族主义的大旗，却很少为人类普世价值辩护；他们从不试图破除权势话语体系，只是努力成为权势话语体系的掌握者，反而炼就了一身犬儒的本领，正如巴尔特所描述的，"他表现出无知的样子，以

① 罗兰·巴尔特：《中国行日记》，怀宇译，北京：中国人民大学出版社 2012 年版，第 116 页。

便让公众更好地站在他的立场上进行抗议，这样就方便地把心照不宣的无能为力引向心照不宣的理解力"[①]。

因此，我觉得做这个选题是有价值的，虽然它只是一种尝试、一种历险，可能不成熟，但这是母校南京师范大学一直提倡和包容的。为此，我由衷地感谢在这里所经历的一切。

张卫东

2013 年 1 月 15 日于金陵随园

---

[①] Barthes, R. *Mythologies*, translated by Annette Lavers, New York: Hill & Wang, 1972, p.34.